社区团购

—— 中国零售的模式创新和商业实践

田 歆 连 杰 陈维龙 陶继顺 著

本书由 国家自然科学基金（72172145，71932002）
北京市自然科学基金（9212020） 资助

科学出版社

北 京

内 容 简 介

社区团购已成为当下全渠道和全链路融合的新兴零售体系下极具发展潜力且极少数中国本土原创的零售模式之一。当前社区团购学术研究较为匮乏，亟待以理论指导实现社区团购实践的快速健康发展。在此背景下，本书由长期从事社区团购模式的研究人员、创业者和 IT 服务商共同撰写，在产学研合作中深入追踪社区团购的诞生、兴起、运营和发展，将理论分析与丰富的社区团购实践案例结合，总结提炼社区团购模式的概念、特征、关键因素和发展历程。

本书可供从事实体零售、电子商务、移动商务等行业的管理人员阅读，适合高等院校相关专业的师生参考，同样可供政府部门人员参阅。

图书在版编目（CIP）数据

社区团购：中国零售的模式创新和商业实践 / 田歆等著. -- 北京：科学出版社，2024. 8. -- ISBN 978-7-03-079342-3

Ⅰ. F713.365.2

中国国家版本馆 CIP 数据核字第 2024VU0792 号

责任编辑：郝　悦 /责任校对：贾娜娜
责任印制：赵　博 / 封面设计：有道设计

科学出版社 出版

北京东黄城根北街 16 号
邮政编码：100717
http://www.sciencep.com

三河市春园印刷有限公司印刷
科学出版社发行　各地新华书店经销

*

2024 年 8 月第 一 版　开本：720×1000　1/16
2025 年 1 月第二次印刷　印张：10　1/2
字数：210 000
定价：126.00 元
（如有印装质量问题，我社负责调换）

前　言

社区团购是伴随移动支付和移动社交等新兴产品出现的一种创新零售模式，借助前沿信息通信技术，以居民社区为单位，依托社区和团长社交关系网络实现商品流通和团购销售，为社区提供日常所需的商品和生活服务。社区团购以"预售＋自提＋次日达"为主要特点，对具有刚需、高频、易破损、易腐坏等特征的生鲜农产品和短周期计划的生活快消品等进行集中采购与集中配送，从而大幅度降低流量获取成本、履约配送成本和生鲜损耗等费用。社区团购的代表性企业包括湖南兴盛优选、北京好邻居便利店、安徽壹度便利店、山东爱客多超市等实体零售企业，美团优选、多多买菜、淘菜菜等互联网平台企业和虫妈邻里团、九佰街、知花知果等地方社区团购企业等。

2020 年以来，消费者线上购买生鲜农产品的购物习惯在抗击新冠疫情的过程中得到强化，消费者行为变化导致生鲜农产品终端零售渠道结构发生显著改变，居民对社区团购的消费需求剧增。社区团购由此引发了中国各大互联网企业的集体关注，腾讯、阿里巴巴、京东、美团、拼多多和滴滴等几乎所有中国互联网巨头企业，打着"资金投入不设上限，力争市场占有率"的旗号，纷纷入局社区团购业务。抗击新冠疫情期间，在国家政府部门的支持下，社区团购对百姓生活需求保障和社会秩序的稳定做出了重大贡献。然而，互联网巨头对社区团购的蜂拥入局，引发了社会争议。2020 年 12 月 22 日，国家市场监督管理总局联合商务部组织召开规范社区团购秩序行政指导会，阿里巴巴、腾讯、京东、美团、拼多多和滴滴等六家互联网平台企业参加。会议强调，互联网企业要严格规范社区团购经营行为，严格遵守"九个不得"的原则。

2021 年 2 月 25 日，习近平总书记在全国脱贫攻坚总结表彰大会上指出[①]："我们要切实做好巩固拓展脱贫攻坚成果同乡村振兴有效衔接各项工作，让脱贫基础更加稳固、成效更可持续。"农村工作仍然是当前国家政府部门的工作重心之一，而社区团购可以推动订单农业发展，助力乡村建设。相比以销售工业产品为主的传统电子商务，社区团购主要销售生鲜农产品等，其重要特色就是紧密对接农村市场和订单农业，因此有望在农村发展和农业现代化进程中发挥重要作用。如何

---

① 《在全国脱贫攻坚总结表彰大会上的讲话》，http://politics.people.com.cn/n1/2021/0226/c1024-32037098.html，2021 年 2 月 25 日。

促进社区团购的有序发展，既是政府管理部门当前关心的问题，也是有待学术界探索、企业界检验的重大命题。

在传统零售和电子商务的经营中，生鲜农产品等品类的商品普遍难以降低成本。社区团购通过以销定采、先卖后采、集中配送、次日送达、顾客自提、团长交付甚至部分企业实施的现金采购方式，实现了进货成本、运营成本、采购成本和履约交付成本的大幅下降。根据行业统计，对于生鲜农产品和短周期生活快消品等品类的商品，理论上社区团购的总成本可以降到线下零售成本的70%甚至更低。社区团购采用"预售＋团购＋集配"的模式聚集了众多优势，包括但不限于节省各项成本费用、通过社区和团长与消费者的沟通解决了信任问题、通过预售制无须囤货的方式缓解了生鲜农产品的损耗问题、通过现金结算和预售制的先收款后交易的方式解决了坏账等财务问题。虽然社区团购优点明显，但想要实现业务顺利运转，特别是长期健康快速发展，还需要解决多个关键的运营管理难题，也亟须以全面的社区团购理论研究来支持和指导商业决策，并为政策意见的制定提供参考借鉴。

然而，作为自现代零售业问世后为数不多的在中国本土商业实践中诞生的原创性新兴零售模式，社区团购还没有引起学术界的广泛关注，缺乏全面的理论研究和深度的哲学思考，目前这个领域的研究工作还相当匮乏。中国科学院虚拟经济与数据科学研究中心虚拟商务研究室（简称中国科学院虚拟商务研究室）和由研究室主任丁玉章教授创办的上海海鼎信息工程股份有限公司（简称海鼎公司）长期开展实体零售、电子商务和移动商务等领域的研究实践工作，并为包括超过40%的中国连锁百强企业、半数以上的中国便利店百强企业、超过60%的中国百强购物中心企业等3000多家大中型知名商业集团提供了信息系统和解决方案一站式服务。2016年，中国科学院虚拟商务研究室就已关注到采用基于虚拟商务理论的零售信息化管理方案的多个用户企业正在开展一种融合多渠道优势的新型零售模式创新探索，即后来的社区团购模式，并为这批零售用户企业包括社区团购业务的实践需求提供了个性化定制的信息化服务。新冠疫情期间，社区团购模式在保障居民生活物资供应中发挥了重大作用，引发了社会对社区团购需求的剧增。中国科学院虚拟商务研究室联合该领域部分创业者和资深从业者，组织了一支在中国零售行业长期开展零售研究和实践工作，特别是近年来聚焦对社区团购开展创业实践、咨询规划、运营管理和IT（information technology，信息技术）服务的专家团队，对社区团购展开了全面深入的理论研究，对社区团购的机制原理进行了系统阐述。本书是该工作的重要成果之一。

从理论分析到落地应用，本书以多个商业实践案例来呈现中国科学院虚拟商务研究室对社区团购机制的研究与思考，不仅构建出较为完整的社区团购理论体系，而且部分研究成果已经在中国的零售行业（如多个便利店、超市、社区店、专卖店企业等）得到了大规模的成功应用。本书力求以质朴平实的风格，将理论创新与朴素的企业应用需求高度匹配，在揭示社区团购理论特征和发展规律的同时，为我国相关企业的管理实践与业务运营提供重要借鉴。

　　本书的研究与撰写得到了国家自然科学基金（72172145，71932002）和北京市自然科学基金（9212020）的资助。感谢中国科学院虚拟商务研究室主任、海鼎公司创始人丁玉章教授和中国科学院虚拟商务研究室副主任、宝供物流企业集团有限公司创始人刘武董事长的大力支持，感谢中国科学院虚拟商务研究室陶冶、吴昭松、蒋作梁、陈庆洪、宋杰、荣鹰、绳惠展、朱婵娟、汪路路、施伟、彭肖溶、周晓慧、刘池奔、赵洋、宫海威、张敏、逄丽、王忆新、杨佳慧、陈宇龙、黄俊贤、杨善平、蔡强等专家的宝贵意见，以及曹沙沙、朱佳仪、汤佳钰、江海亮、田智文、闫博超、任家宁、鲁召煦等研究室学生在企业访谈和资料整理中的协助工作。本书也是中国科学院虚拟经济与数据科学研究中心、中国科学院大学经济与管理学院、中国科学院大数据挖掘与知识管理重点实验室和中国零售行业多家合作企业、信息化服务商在全方位"产学研"合作中取得的重要成果。本书四位作者不仅是长期关注社区团购的零售领域研究人员，同样也是最早开展社区团购相关 IT 服务、管理咨询及企业运营的实践者。此外，还要感谢科学出版社的马跃社长和徐倩编辑，他们为本书成功呈现在读者面前提供了宝贵的建议和重要的帮助。

　　本书的部分成果已经在我国上百家开展社区团购业务的实体零售企业得到了成功应用与实践验证，创造出可观的社会效益和经济效益。

　　本书分工如下：全书由田歆写作，大部分章节的主要内容材料由连杰、陈维龙和陶继顺提供。具体而言，第 1 章由田歆写作；第 2 章、第 4 章、第 5 章、第 6 章、第 7 章由连杰、陶继顺提供主要素材内容；第 3 章由陶继顺提供主要素材内容；第 8 章、第 9 章的一部分素材内容由连杰、陶继顺提供；第 10 章、第 11 章、第 12 章由陈维龙、陶继顺提供主要素材内容；第 13 章由陈维龙提供主要素材内容。本书作者按姓氏笔画排序。

　　作者诚挚希望本书的出版能为当今期望开展社区团购业务的企业提供有益的借鉴和参考，从而在实践中不断推动社区团购理论的传播与发展。因作者水平有限，本书难免存在不足之处，敬请广大读者批评指正。

作　者
2023 年 6 月

目　　录

第1章 中国零售业的发展与社区团购的诞生

1.1 内忧外患：在惨烈竞争中曲折新生的中国零售业

零售业是国民经济活动中吸纳就业人口、贡献税收和创造国内生产总值（gross domestic product，GDP）最多的行业之一，是以消费拉动经济增长的着力点，也是国民经济活动的物流末梢、信息末梢和服务末梢，关乎国家经济命脉安全。此外，零售业连接千家万户，与百姓生活密切相关，是保障民生和改善民生的关键支柱，其健康发展与社会稳定紧密相关。民以食为天，对于老百姓来说，只要有生活物资供应，就不会怕，也不会乱；反之则容易引发群体恐慌，产生一系列影响社会稳定、危害国家安全的严重问题。零售业关系着百姓生活必需物资的供应，是国家安全的重要压舱石。在新冠疫情期间，零售业为保供给、保民生、稳民心做出了巨大贡献。许多零售企业不仅捐钱捐物，部分民生保障类零售企业还在克服感染风险与物资匮乏的双重困难情况下坚持营业，保障了中国数千万计的家庭在居家隔离期间的正常生活，与医护、警务、交通管理人员、政府管理人员等一同战斗在防疫一线，直至新冠疫情动态清零的到来。可以说，零售商店的货架和灯光，构筑了人民群众心中坚实的安全防线。

2001年12月11日，中国正式加入世界贸易组织（World Trade Organization，WTO），零售市场对外资逐步放开。欧美零售业在市场经济环境下历经百年的挑战、迭代和发展，已经建立起完善、科学的零售管理体系、商业模式和经营规范，与中国刚刚起步的现代零售业相比，具有全方位、压倒性的经营优势。资金雄厚、装备精良、管理先进、人才领先的西方零售巨头，以沃尔玛、家乐福、"7-11"等为代表，大举进军中国市场，给刚刚起步并且正处于学习、考察、引进和模仿阶段的中国现代零售业带来了巨大冲击与挑战。一线城市的零售市场与国外零售巨头竞争激烈，收购愈演愈烈；二、三线城市的零售业竞争同样惨烈，大量本土零售企业在惨烈竞争中倒闭（丁玉章，2006a，2006b）。面对竞争如此激烈的局面，大批新生起步阶段的中国本土零售企业，迫切提出了启动全方位商业模式转型和零售信息化改造、研发新一代零售信息平台和管理解决方案的紧急战略需求。

在探索和实践中国商业生存、发展和竞争问题的道路上，中国科学院虚拟商务研究室始终坚持以"产学研合作""顶天立地、知行合一"为导向，在理论和实践的双重维度都取得了斐然瞩目的成果（丁玉章等，2012；田歆等，2013；汪寿阳等，2017）。虚拟商务理论于 2008 年由我国著名经济学家、第九届和第十届全国人民代表大会常务委员会副委员长成思危先生及其管理学团队（主要包括中国科学院虚拟商务研究室主任、海鼎公司创始人丁玉章教授，主任助理田歆教授等）合作提出。虚拟商务理论主要以系统工程原理为指导，依托技术手段（尤其是信息系统平台），加载管理创新，促进传统行业和实体经济企业的升级转型、综合集成和整体优化（成思危，2015）。虚拟商务理论落地应用和中国科学院虚拟商务研究室全力打通的第一个重点行业，就是零售业。

中国科学院虚拟商务研究室和海鼎公司深刻理解中国商业流通内涵、地域文化和人文规则，结合商业流通领域和客户企业现状，在 IT 平台基础上不断开拓、加载和融合纯正的中国文化与前沿科学商业理念，深入探索商业背后的本质规律，将中国商业所面临的困难和解决问题的思路从技术与经营的问题提升为更高维度的管理层面的问题，并将同时包含经营、文化、IT 等的管理问题视为企业信息化建设和中国商业发展的根本问题。中国科学院虚拟商务研究室和海鼎公司始终认为，只有依托信息化手段，以理论的突破，通过管理创新才能实现中国商业企业快速发展的本质突破。在面对科技变革、经济全球一体化、在线渠道崛起、外资巨头竞争等多重挑战的复杂和严峻形势下，中国科学院虚拟商务研究室和海鼎公司对引领中国商业的突围及在竞争中快速发展做出了重要贡献；进入移动商务时代后，也对促进社区团购这一有地域特色的创新零售模式的理论研究和健康有序发展发挥了重大作用。

1.2　绝地反击：以理论突破实现企业快速发展的本质突破

经历近百年的发展，西方发达国家对于零售管理的研究和实践已经相当成熟。零售企业通过向消费者出售个人及家庭使用的商品和服务来创造价值，依靠购销差价盈利，并以"定位（location），定位（location），定位（location）"3L 原则为指导，通过准确定位市场需求、零售业态、地理位置、品牌形象、商品品类、顾客服务、渠道建设等，取得竞争优势。

中国正式加入 WTO 三年后，国内零售行业的保护期结束。以当时在全球五百强企业中排名第一的沃尔玛为代表的大批外资零售巨头大举进军中国，中国大量本土零售企业倒闭或被外资收购。此时，政府、业界、学术界主流普遍的观点是"以大对强"，通过零售企业合并联合打造"商业航母"，以此来应对外资巨头的碾压式竞争。中国科学院虚拟商务研究室主任丁玉章教授带领团队通过深入研究现代商业和物流变迁规律、立足中国本土文化和地域规则、冷静审视中国现代零售业十多年的发展轨迹，明确指出了"十岁的孩子，不能采用成年人现成的管理药方""不能用大学生的课本来教小学生"，进一步提出了中国商业发展竞争的"三段式预言"：第一阶段，在外资品牌的雄厚资金、前沿的商业理念、先进的管理方法和技术面前暂时屈服；第二阶段，在"挨打"中崛起，通过文化唤醒大众，发展区域企业以形成遍地抗争的力量；第三阶段，本土企业迫使"入侵者"要么在同化和融合中共赢，要么无功而返。在此论断的基础上，中国科学院虚拟商务研究室进一步提出了中国本土零售企业在惨烈竞争的严峻形势下自保和发展的"二十八字商业方针"，即坚守区域、耐住寂寞、夯实管理、培养团队、做足本土、步步为营、绝不远征。

中国科学院虚拟商务研究室始终认为信息化建设的根本是管理，而管理的问题需要从管理上解决。对于用户企业，不应简单地向它们出售软件、提供平台，而是从企业的战略模型、经营模式、流程改造、制度建立和 IT 系统建设等多角度展开全方位分析，将信息化建设与企业的内部运营和外部环境充分融合。其中最为关键的就是要确立理论和管理模型后再应用，进而帮助客户将管理、技术、执行和文化等沉淀到 IT 系统中，关注客户企业各个阶段的进步，逐渐推进、取得成效，并在企业发展的不同阶段进行管理和经营的迭代式创新。

1.2.1　乘法原理、复制法则与胖总部瘦门店模型

在以上海可的便利店为代表的一批连锁零售企业的信息化项目建设中，中国科学院虚拟商务研究室和海鼎公司通过研究发现，在靠购销差价盈利这一减法原理的传统商业模式下，通过改进运营技术、合理配置资源、优化运输路径、降低库存和配送成本等方式来节约零售企业开支、提高门店的盈利能力，本质上取决于资本、管理和技术等因素，而这些都是外资零售企业的优势所在。本土企业依靠这种引进西方的科学规范、在学习中实现自我提升并追赶国外企业的方法，很难赢得与外资企业的竞争，甚至在政策扶持上，外资零售巨头相对本土企业也处于更有利的地位。因此，本土企业需要进行理论上的根本性突破。

中国科学院虚拟商务研究室和海鼎公司为改变这一不利局面，创造性地提出了商业管理的乘法原理和复制法则。乘法原理指出，零售企业的盈利，来源于众多门店细微利润的汇集，企业总利润约等于门店数量与门店平均微利的乘法运算。假设某零售企业有 1000 家门店，如果每家门店每年能够多盈利 1 万元，每年就多盈利 1000 万元；如果每家门店每年能够节省 1 万元，每年也多盈利 1000 万元；反之，如果门店多亏损 1 万元，则一年就要多亏损 1000 万元。如何做到正数的乘法运算、如何能够获得更多盈利和节约成本，这是零售企业在管理中实现"正向乘法原理"所要重点研究的内容。在乘法原理的指导下，零售企业的发展方向就从追求单店利润最大化，转移到门店连锁扩张上来。如果将零售企业的经营模式、商品结构、管理规范、门店形象和企业文化叫作"模子"，那么企业的发展就是一

种"模子"的"复制"，每开一家门店都将是一个"复制"的过程。如果这个"模子"是优秀的，那么复制品也将是优秀的，反之则相反。商业企业总部力图保证这个"模子"的优秀，并做到"复制"不走样，这才是当时中国商业企业发展的重点。

在以可的便利店为代表的零售信息化实践中，中国科学院虚拟商务研究室和海鼎公司运用乘法原理和复制法则，提出了一种可以有效实现"正向乘法原理"、促进快速复制扩张的商业管理模型，即胖总部瘦门店模型（田歆等，2015）。胖总部瘦门店模型以强大的智能总部和简单的门店经营操作为理论核心，全力提升零售企业总部的创新、管理和控制能力，抑制门店的"聪明才智"，利用先进的信息技术支撑商业自动化管理，实现零售企业门店管理的规范化和简单化。在胖总部瘦门店模型下，门店的操作简单易学、工作内容减少、技术要求降低，从而能有效保障零售企业规模快速扩张而不失控。以可的便利店为代表的一大批优秀零售企业的商业实践，充分证明了胖总部瘦门店模型在我国特定人文条件下推动零售企业发展的先进性和有效性。

1.2.2　物流、规则协同与虚拟零售模型

在第一代乘法原理、复制法则和胖总部瘦门店模型的指导下，依托 IT 系统加载的强大信息管理能力，海鼎公司的一大批零售客户企业快速扩张，门店规模迅速接近甚至超越了 1000 家量级，在恶劣环境中实现了从"活下来"到"站起来"的本质飞跃。然而，胖总部瘦门店模型的理论局限性逐步显现，比如，①随着门店规模扩张，传统模式下的零售物流运营已经不堪重负，物流和供应链管理（supply chain management，SCM）能力成为连锁零售企业继续发展的瓶颈；②企业管理中各种内耗问题产生，以便利店企业为例，每家直营门店的开设，都需要数十万元计甚至数百万元计的大量初始投资和商品应付账款储备，以及员工人力的配置和投入。直营店投资成本高，加盟店则难以管控。当规模超过 1000 家门店后，企业不仅要面对高昂的资本投入和占用问题，还要面对成千上万分散在各处的人力资源的有效管理问题、商品管理问题等，仅仅是人力资源管理不善这一个问题就可以让零售企业的各种问题集中爆发，陷入恶性循环。由于购销差价是两个乘法因子之一，胖总部瘦门店模型和乘法原理的思想仍然没有完全跳出依靠购销差价盈利这一基本商业法则的窠臼。企业规模扩张受限后，经营依然会回归于传统商业法则下的竞争。而在传统商业法则下，受制于资金、人员和运作管理等，便利店企业普遍难以突破 2000 家门店量级规模的限制。在此背景下，企业亟须寻求更新的理论突破。

面对日渐剧增且即将成为零售企业发展最大障碍的商品仓储和采配需求，中

国科学院虚拟商务研究室和海鼎公司抽调陈庆洪、田歆等组建海鼎公司物流事业部和中国科学院虚拟商务研究室物流团队，以有问题解决问题、有困难克服困难、没条件创造条件的坚定意志与强大决心，带领一批商业信息化专家全部归零、重新开始，在仓库和车辆的一线深入学习研究零售企业物流与供应链管理的需求及信息化与管理解决方案，最终透彻理解了中国商业土壤中的零售物流和供应链运作规律。在此基础上，中国科学院虚拟商务研究室和海鼎公司物流团队自 2005 年以来率先提出了"有中国特色的零售物流发展战略和物流运营模型"，构建了中国第一批可落地实践的大型零售供应链信息管理模型——FROM 供应链管理模型[①]，还创造了其他一大批关于零售物流和供应链管理研究成果。其中，中国特色就是将最先进的技术、理念与中国国情相结合，将最先进的 IT 技术与当时国内的土地资源和劳动力资源相结合，将高度的信息化和适度的自动化相结合，将行业前沿的高新技术与简单直观的操作相结合，从而走出一条有中国特色的自主创新、自我发展之路（田歆等，2008，2009a，2013，2014；田歆和汪寿阳，2009）。

在理论研究成果的指导下，由陈庆洪和田歆领导的中国科学院虚拟商务研究室和海鼎公司物流团队建立了国内外一流、适用于常温和冷链等复杂环境下全过程物流信息化的集成解决方案，多项 KPI（key performance index，关键绩效指标）全球领先，包括但不限于 2.5 万平方米仓库日均出货量超过 30 万箱、单店平均库内作业时间低于 7 秒、门店一天两配的行业新高度；物流团队与侯毅、黄红卫和杜庆东等负责运营的上海可的物流中心战略合作，完成了从仓库到可的物流中心再到可的供应链中心最后到上海源通实业有限公司（三方物流）的转变，并在此基础上实现了纵向一体化供应链管理和横向物流连锁经营，进一步加载出国内第一家连锁便利店预购服务平台"可的预购"，以及在线平台"可的喜发发"和"可的购得佳"等，实现了第四方物流模式的落地应用和中国最早一批多渠道线上线下商务（online to offline，O2O）创新实践。

在可的物流、可的预购、可的喜发发、可的购得佳等中国第一批多渠道 O2O 创新实践过程中，中国科学院虚拟商务研究室和海鼎公司物流团队突破传统物流模式，总结提出了有中国特色的第四方物流理论体系，在零售行业首次实现了从第一方物流到第四方物流的落地应用和演化（田歆和汪寿阳，2009）。第四方物流，即第一阶段通过优化资源配置、降低成本和提升效率，实现物流资源的配置最优化和效用最大化，从而全面提高企业的管理水平和市场竞争力；第二阶段通过向社会提供第三方物流服务，将物流从企业的成本中心转型为像零售门店一样的利

---

① 该模型通过创新性地引入预测系统（forecast system）、"返点"管理（rebate management）、在线订购结算（online purchase and settlement）与人工处理（manual process）等机制或功能，灵活地解决了零售商从上游企业的商品"from"问题。

润中心；第三阶段，社会需求在空间上的广泛性和不确定性必然导致物流服务的范围增大和内容增多，因此物流能力发展到一定程度后，将从商业的支撑者转变为商业的主导者，在物流平台上加载各种虚实结合的销售渠道和商业模式，可以引领商业发展、引发商业革命。

由陈庆洪和田歆领导的中国科学院虚拟商务研究室和海鼎公司物流团队，以信息技术和信息化手段加载，进一步在以华联超市、联华超市、美宜佳、振华超市、见福便利店、华冠超市等为代表的、遍布全国绝大部分省区市的二百多家大型商业集团，打造了数百家大中型零售物流中心。中国科学院虚拟商务研究室和海鼎公司物流团队成功建设了国内最具效率与性价比的连锁零售物流中心，成功研发了中国商业的智慧供应链全过程信息化平台并提出了配套的管理创新一站式解决方案，成功建设了融合智能化、全程可视化、云端化、社会化、协同化等于一体的中国首批大规模实体零售智慧物流中心，并在全球各大大洲建设了多个国际领先的大型商业物流中心。这些零售物流信息化管理、技术和方案，不仅造就了一批大型零售企业，同样也为2008年后中国电子商务伴随着发展时机成熟的快速崛起和进步做出了卓越的贡献。

在广东美宜佳便利店信息化建设项目中，中国科学院虚拟商务研究室和海鼎公司从美宜佳起步阶段就开始为其提供全面的信息化与管理解决方案，帮助美宜佳从不到200家门店成长为国内真正意义上首家突破万店规模的现代零售企业。基于虚拟商务理论与"螺旋式"商务机制创新思想，立足强大的信息管理能力和物流管理能力，在胖总部瘦门店模型机制基础上，中国科学院虚拟商务研究室和海鼎公司提出了新一代，也即第二代商业管理模型——虚拟零售模型（田歆等，2009b，2011，2015；Tian et al.，2017）。相比于第一代胖总部瘦门店模型通过管理创新进行标准化和精准化流程管控，第二代虚拟零售模型则是全新的管理哲学，是在整个产业链上做标准，制定规则、管理规则。

具体来说，在商业机制设计上，虚拟零售模型借助信息技术和现代管理方法的创新，将占用大量人力财力的门店和仓库等部门从零售企业里分解出去，形成各组织的小型实体化，不断提升品牌知名度和服务能力，研究各个环节的纽带关系、利益规则以及虚拟组织中各成员相互支撑、相互依赖、相互制约所形成的具有稳定向心效果的组织运作规律，从而实现整个零售企业的实体虚拟化。一方面，组织虚拟化后的零售商能够从对乘法原理的关注，转变为对服务能力以及新型组织形态的经营能力、经营模式和管理的研究，通过搭建一个强大的服务平台来提供总部服务、加载各种商业模式，从而实现从出售商品到输出服务、从购销差价盈利到服务增值盈利的转型。另一方面，零售商集中资源研究先进的流程规则、管理规则和运营技术，建立服务与管控的机制和队伍，制定合理的利益分配规则，实现各方盈利提升的多赢局面；大力开展文化建设，建立一种良性互动的激励和发展机制，通过一个大的虚拟联盟来实现原来的零售企业职能，从而充分调动和发挥社会力量，实现供应链资源的全面整合。

虚拟零售模型放弃购销差价盈利的理念，在理论设计中实现了对传统商业模式的突破。零售商专注于商品资源开发、服务项目开发、品牌和技术提升等核心能力的强化，研究能够使虚拟联盟稳定向心的组织规律，据此制定合理的规则，搭建一个强大的服务平台提供总部服务，强调社会资源力量的有效整合。对虚拟零售模式下的零售商来说，商品由供应商供给，物流由第三方物流供应商提供，信息管理由信息化服务商支持，商品销售在社会虚拟网络进行，而零售商投入主要精力和资源聚焦于品牌与总部服务能力的提升，并进行资源整合。

在虚拟零售模式下，零售商新开门店不仅不再需要大量资本投入，还可以通过加盟费、服务费、再生资本、资源整合等多种形式立即取得可观收益。同时，零售企业面对的不再是规模庞大、管理繁杂、可能正常工作时间都难以管控的门店员工，而是 24 小时热情好客、积极拼搏、自我约束和主动进取的创业者群体。通过制定合理的利益分配规则，形成一种良性互动的激励机制，充分调动各个环节的积极性和资源，零售商可以不再陷入资本消耗、管理内耗和人力资源管理繁杂的恶性局面，门店规模能够快速增长。随着门店扩张，零售企业市场力量和话语权不断增强，在商品资源与定价等方面能够取得越来越多的优势，从而进一步增强对全部渠道链条的管控能力，又可以开发更多的创新服务并不断更新零售运营技术，这反过来再次促进了虚拟联盟的扩张，推动联盟各个环节在互相碰撞、互相促进、互相推动和互相支撑中实现整个零售系统的快速发展，进入良性生态循环。

虚拟零售模型建立在强大的信息化管理能力和高效的物流运营能力的基础之上。信息流和物流的管控水平，即信息化管理能力和物流运营能力，是虚拟零售模式运作的基础支撑力。通过不断提升信息管理能力和物流运营能力，在信息流和物流有效承载的范围内，应用虚拟零售模式成功转型后的零售商将在整个零售生态系统中各方的相互碰撞和相互推动下，滚动式迅速扩张，呈现出规模呈指数式增长的独特现象。

根据中国连锁经营协会（China Chain-Store & Franchise Association，CCFA）发布的数据，中国主要社区便利店基本处于 1000～3000 家门店量级规模，但美宜佳突破了这一局限。2010 年，美宜佳跃居中国社区便利店第一名，跻身中国连锁百强零售企业；2011 年，美宜佳门店数量超过 3000 家；2014 年，美宜佳仅商品销售额就达 110 亿元，且不包括巨额的服务代收费用；2015 年，美宜佳门店数量已突破了 8200 家；2016 年 11 月 26 日，美宜佳进军武汉，门店跨过长江；2017 年 5 月 26 日，美宜佳的门店规模突破 10 000 家，成为真正意义上中国首家规模达到万店的现代连锁零售企业；2017 年，美宜佳新增门店 3378 家，令人震撼的是，仅其当年新增门店规模便已超过中国排名第二的社区便利店发展近 20 年的总规模，而其总门店规模更是突破 12 000 家；2018 年 10 月 23 日，美宜佳门店规模突破 15 000 家；2019 年 12 月 6 日，美宜佳宣布旗下门店数量突破 19 000 家；2020 年 5 月 6 日，美宜佳门店数量突破 20 000 家。发展到第一个 10 000 家门店，美宜佳用了 20 年；发展到第二个 10 000 家门店，即便是在新冠疫情的冲击下，美宜佳也只用了不到 3 年。在美宜佳采用自研系统平台后的 2022 年 11 月 30 日，美宜佳门店规模突破 30 000 家。十余年来，美宜佳始终位居中国社区便利店第一名，仅每年新增门店规模即可位列中国便利店前十名，被誉为"中国便利店之王"。此外，在中国商业企业普遍连国内区域都难以"走出去"、大部分只能在一两个地区开店的大环境下，虚拟零售模型成就了名创优品（广州）有限责任公司（简称名创优品）三年半开遍全球六大洲上百个国家数千家门店的零售国际化奇迹（田歆等，2021）。

美宜佳和名创优品的发展表明，虚拟零售模型能够有效实现零售企业从出售商品到输出服务、从靠购销差价盈利到服务增值盈利的转型，能够促进零售企业在较低成本下的良性快速发展，并能够帮助中国零售行业跨进万店规模发展阶段。相较于第一代胖总部瘦门店模型，在其技术基础上升级而成的第二代虚拟零售模型通过本质上的管理哲学突破，可以成功将零售企业转型为现代服务企业，突破连锁零售企业在发展过程中规模扩张的局限性。

1.2.3　移动商务、生态零售模型和社区团购

中国现代零售行业落后西方近百年，而电子商务的兴起仅比欧美晚了四年。2012 年左右，随着智能手机、Pad（portable android device，平板电脑）等智能终端的出现及以 3G[①] 和 4G[②] 新兴通信技术为代表的新兴科技的发展，中国和西方同步进入移动商务时代。不同于电子商务对实体零售仅造成市场细分而并未造成过度实质伤害的影响，移动商务以其随时随身随地、方便搜索比价、LBS（location based services，基于位置的服务）、设备感应和 O2O 支持、即时社交购物等优势，一出现即对传统商业造成剧烈冲击，倒逼实体零售企业发展线上渠道，通过虚实结合的多渠道和全链路运营来应对移动商务的挑战。

中国科学院虚拟商务研究室研究发现，相对于传统商业和电子商务，移动商务将被动式等待顾客上门或点击的商业范式演变为精准推荐的主动式商务形态。移动商务存在的屏幕小、不利于商品展示、多窗浏览困难等先天不足，导致数据代替流量（实体零售的客流量、电子商务的访问量）成为商业运营和竞争的实质性核心力量。移动商务及其带来的大数据革命、支付手段的变革、科技金融模式

---

① 3G 指 third generation of mobile communications technology，第三代移动通信技术。
② 4G 指 fourth generation of mobile communications technology，第四代移动通信技术。

的变革等，都将对中国乃至全球的商业活动造成巨大的冲击。

随着移动商务的蓬勃发展，电子商务基本模型的两大缺陷，即未解决盈利模式的问题和未解决竞争力的问题得到了有效弥补。移动商务和电子商务的集成，对线下实体零售业造成了巨大冲击，倒逼线下零售企业纷纷开设线上渠道。同时，在线零售企业也积极布局实体门店，促进了零售企业线上线下多渠道的加速整合。中国科学院虚拟商务研究室在2006～2007年提出的以物流加载、实现线上线下渠道有效融合的虚拟零售模型中的虚实结合思想，即有中国特色的第四方物流理论，以及后来出现的新零售、智慧零售和无界零售等多种行业理念逐渐兴起，共同引领了商业的快速发展。行业的巨变也进一步推动了诸如社区团购、前置仓、到家服务、直播电商、闪电仓等一大批新的移动商务模式的诞生。

社区团购是零售行业伴随移动支付和移动社交等产品与技术出现的一种创新零售模式，借助新兴信息通信技术，以居民社区为单位，依托社区和团长社交关系实现商品流通和团购销售，为社区提供日常所需的商品和生活服务。在传统零售和电子商务的经营中，由于日常损耗过高，生鲜农产品等品类的商品销售成本普遍难以降低。社区团购通过以销定采、先卖后采、集中配送、次日送达、顾客自提、团长交付甚至现金采购的方式，以"预售＋自提＋次日达"为特点，对具有刚需、高频、易破损、易腐坏等特征的生鲜农产品和短周期计划生活快消品等进行集中采购、集中配送，从而能够使得销售流量获取成本、进货成本、运营成本、采购成本、履约交付成本和生鲜损耗等大幅降低。根据行业统计，对于生鲜农产品和短周期生活快消品等品类的商品，理论上社区团购的总成本可以降到线下零售成本的70%甚至更低。社区团购采用"预售＋团购＋集配"的模式，不仅节省了各项成本费用，更通过社区和团长与消费者的沟通解决了信任问题，也通过预售制无须囤货的模式缓解了生鲜农产品的损耗问题，还通过现金结算和预售制的先收款后交易的模式解决了坏账等财务问题。作为海鼎公司客户企业之一的兴盛社区网络服务股份有限公司（简称芙蓉兴盛），在业内率先跑通了社区团购模式，实现了这一创新模式大规模运营下的盈利。

2020年以来，新冠疫情使消费者加速形成线上购买生鲜农产品的购物习惯。消费者行为偏好的重塑导致农产品终端零售渠道结构发生显著变化，居民对社区团购的消费需求剧增。社区团购由此引发了中国各大互联网企业的集体关注，腾讯、阿里巴巴、京东、美团、拼多多和滴滴等中国大部分互联网巨头企业，打着"资金投入不设上限，力争市场占有率"的旗号，纷纷入局社区团购业务。各互联网巨头利用资金优势，大量开展价格补贴活动，其进军并疯抢社区团购业务的行为，在给正处于社区团购及生鲜农产品经营探索实践中的零售企业带来激烈竞争的同时，也引发了很多社会争议，这已经成为当前政府、企业界和学术界共同关注的热点之一。

凡事预则立，不预则废。2012年起，中国科学院虚拟商务研究室主持了多项国家部委和地方政府委托的移动商务重大创新项目，在流通信息化领域的领先优势和数十年实践积累的基础上，充分融合各种新兴技术和先进理念，研究、探索、验证并落地实践了第三代零售管理模型——生态零售模型。生态零售模型在融合第一代胖总部瘦门店模型、第二代虚拟零售模型各种管理技术和信息技术的基础上，充分吸收移动商务、云计算、大数据、物联网、人工智能、LBS、5G[①]等各种新兴技术和商业理念，在海鼎公司等企业平台上，率先实现了基于大数据的全渠道智能决策支持，基于大数据的供应链金融和零账期结算，基于全类别支付方式支持，基于大数据的智慧物流管理，基于大数据的供应链一体化协同，基于大数据的商业地产管理，基于大数据的手机支付、人脸识别、刷脸支付、刷掌支付、无人商店、虚拟数字人等一系列领先业界的商业智能化解决方案的落地应用，成功建设了中国第一个大型实体零售机器人智慧物流中心（田歆等，2023）。

　　生态零售模型通过移动商务的技术革命和商业理念创新，建设了一个更具有自适应、自组织等智能能力的智慧商业生态系统，以数据为核心，在以信息化为手段实现零售企业标准化、规范化、简单化的基础上，进一步实现了个性化、数字化和智能化，对消费者进行精准服务、对单店单品进行有效管理，解决了零售企业在规模扩大后离商品、顾客越来越远等难题，通过大的数据平台和供应链整合平台的建设，对全社会门店、供应商、消费者进行全过程的供应链、数据和运营赋能（田歆等，2017a，2017b，2018）。在第二代虚拟零售模型打通零售企业信息流和物流成功将零售企业转型为服务企业的基础上，第三代生态零售模型进一步实现了零售供应链上信息流、物流和资金流无缝集成的三流合一，实现了全面的智慧商业生态演化，将零售企业转型为服务企业、数据企业、科技金融企业和高科技企业（蔡强等，2017；汪寿阳和田歆，2020）。作为第三代模型的创新实践应用之一，2016年起，中国科学院虚拟商务研究室和长沙、上海、北京等地的多家IT企业、商业集团合作，推动社区团购这一具有中国特色创新零售模式的研究和落地应用。

1.3　不忘初心：理论实践双重维度持续推进中国商业发展

　　2001年12月11日，中国正式加入WTO。零售业保护期于2004年结束，跨国零售巨头依靠资金、品牌和技术上的优势，大举进军中国。大量本土企业在激烈竞争中倒闭，外资和合资企业逐步占据并主导一线城市零售市场，二、三线城市的零售业竞争同样惨烈。针对我国大批零售企业启动全方位商业模式转型和零售信息化改造研发新一代零售信息平台和管理解决方案的紧急战略需求，中国科

---

① 5G 指 5th generation mobile communication technology，第五代移动通信技术。

学院虚拟商务研究室和上海、北京等地的多家优秀的信息化服务商，以及遍布中国各地的商业集团开展合作，深入探索了中国商业企业的生存、发展和竞争问题，研发出了新一代零售管理商务模型和信息平台并提出了解决方案，以理论的突破来实现和保证企业快速发展的本质突破，帮助处于内忧外患之中的新兴中国零售企业绝地反击，也从理论和实践的双重角度引导中国商业走出了一条有中国特色、自立自强、快速发展的本土创新之路。

中国科学院虚拟商务研究室以"顶天立地、知行合一"为指导思想，始终贯彻坚持成思危先生关于中国科学院虚拟商务研究室"推动虚拟商务研究应用、促进传统产业转型升级"的题词和发展方针，以虚拟商务的进步推动我国实体经济特别是传统行业的发展，其中以零售行业为核心的传统商业又是虚拟商务研究和落地应用的第一个重点行业。中国科学院虚拟商务研究室同中国最优秀的一批信息化服务商、商业集团合作，将继续在中国商业前进的产学研道路上积极拥抱各种新兴技术、前沿理念和先进思想，不忘初心，砥砺奋进，从理论创新和企业实践的双重维度，持续推动中国商业的繁荣和发展。而其中的一个重要方向，就是要推动社区团购的理论研究的深化，以及这一具有中国特色的零售创新模式的健康成长、成功实践和有序发展。

第 2 章　社区团购概述

2.1　社区团购的时代背景

21 世纪的第一个十年，在急剧增长的居民消费需求驱动下，连锁零售行业的交易规模逐步扩大。在千禧年前后，我国大部分区域的龙头连锁零售企业开始萌芽，经过十年左右的快速发展，零售市场格局基本形成。2010 年后，一方面我国居民消费仍然保持快速增长态势，另一方面快递电商的出现却导致零售市场逐渐被瓜分。对于百货类商品，由于快递电商流通的效率明显高于线下门店，经过又一个十年的发展，留给线下的部分百货零售市场的份额逐渐被快递电商占据。

在实体百货店大量闭店，超市百货区营业额持续收缩的同时，快递电商蓬勃发展。根据中国电子商务研究中心发布的数据，2010 年中国网上零售市场交易规模达 5131 亿元，2020 年增长至 11.76 万亿元，这源自中国互联网用户的快速增长与电子商务模式难以比拟的优势。2020 年前后，新的零售形态——直播电商和社区团购，开始加入零售行业并参与竞争。直播是一种一对多的营销技术，其效率远远大于一对一的营销。直播电商在 2019 年的交易额为 4414 亿元，2020 年则达到了 1.28 万亿元，且目前仍保持高速增长的态势。但大部分的直播电商仍采用"预售＋快递交付"的形式，所以目前绝大部分的直播电商仍属于快递电商的范畴。因此，通俗来讲，直播电商就是快递电商应用直播技术提升营销效率，利用主播信用来提高消费者对产品的信任程度，进而提高营业额的一种零售形态。

2020 年，社区团购市场的交易规模为 750 亿元，2021 年则为 1205 亿元，2022 年保持高速增长态势。但社区团购的增长速度却仍然低于直播电商的增长速度，其主要原因是直播电商依托于快递电商的基础设施开展，有较为完善的基础，而目前社区团购的主要市场主体都需要从零开始建设基础设施，如美团优选和多多买菜，均需要在业务所在地建设仓储配送体系、供应商体系等。但是相对于传统实体零售，社区团购发展迅速，美团优选、多多买菜通过一年多的发展将业务规模运营至千亿元左右，在快消品流通领域发展迅猛，而相比之下，我国仅有不到 10 家的实体连锁零售品牌，经历数十年的发展运营才至千亿元规模。

社区团购是改革开放后，现代社会零售业态转型升级的一种创新型商业模式，始于 2015 年，自 2020 年开始蓬勃发展，发展至今已有 10 年时间。在这 10 年的时间里，在多种因素的助推下，供应商、物流、团长和用户这四个社区团购的关键参与方逐步成熟，社区团购的发展已是大势所趋。

自 2012 年移动互联网开始普及以来，新兴技术的刺激促使移动互联网用户规模出现了爆发式的增长，与此同时，智能手机普及率同样得到迅速提升，微信在此背景下诞生。微信通过移动互联网构建起一个操作简单且互动高频的社交生态，涵盖范围逐步扩展到工作、生活、社交和娱乐等各个领域。在获客成本日渐增加的背景下，大量的企业开始探索降低成本的方法，微商因此出现。我国的微商从业人员高达数千万人，随着社会的发展，这部分自由从业者中的头部会继续从事微商等裂变型产品的销售及服务，尾部则开始转向利润较低但是更稳定的行业。

另外在城镇化过程中，具有保民生功能的物流基础设施经过快递行业的催化，粗犷发展多年，在 2018 年前后出现了供给过剩现象：仓库建设供大于求，货运行业整体供给过剩，这也导致了货车司机工作机会变少、工资出现明显下降。同样地，以超市、便利店为代表的第二代零售业态出现了产能过剩的现象，如部分南方城市出现居住人数 1000 户左右的小区却拥有 10 家便利店的状况。

面对发展过程中遇到的问题，盘踞在各个城市的品牌代理商积极寻找各种新渠道出货；大量在微商红利爆发期中没有获利的微商尾部群体与生意惨淡的夫妻老婆店急需新的发展与生存机遇；大批仓库闲置的物流企业、没有足够工作机会的货运司机，都在等待着新的转机。社区团购的出现通过移动互联网技术链接供应商、物流、团长和用户要素，直击四方存在的痛点，为上述问题提供了理想的解决方案。

2.2　社区团购的基本形式

顾客在商家的微信群或线上平台下单预订，在约定的时间（一般为第二天，少部分为第三天）到约定的地点自提预订商品，这种购物模式被称为社区团购。从顾客角度来看，"线上预订＋线下自提"，是参与社区团购的主要活动过程；从商家角度来看，"线上预售＋集中配送"，是开展社区团购的主要服务过程（连杰，2020）。

与传统的线下门店零售相比，社区团购的优势在于商品周转快。我国实体零售行业的库存周转天数大多在 35 天左右，换言之，商品存放在零售企业的仓库或者卖场，一个月后才可以被成功销售。但商品的流通成本，包括人员工资、场租、水电煤气损耗等随着商品滞留天数的增加而增加。而预售模式可以使流通成本大幅下降，即顾客预付商品款，零售商利用预付款进行目标商品集中采购，商品到零售企业后，次日即可交付顾客，如此，商品的周转天数就可以大大降低，甚至缩短至一天。

　　与传统的生鲜日化电商相比，社区团购的优势在于集中配送，从而使商品价格中的物流成本占比降低。以米面生鲜、洗化用品为代表的商品，具有货值低、重量大、体积大的特点，使用快递交付成本较高，故其主要通过线下渠道流通，线上电商流通比例较低。而社区团购采用平均物流成本更低的集中采购和定点自提的方式来替代物流成本高昂的单件快递运送，即商家将商品从仓库集中配送至自提点，配送成本与配送至零售店铺相同。配送模式的创新使商品平均物流成本大幅下降，解决了生鲜日化商品线上销售物流成本占比较高的痛点，这种交付方式的变化也使社区团购被称为自提电商。

　　从销售模式与物流方式两个维度可以对现有的零售形式进行划分：传统门店零售通过"现售＋自提"实现商品销售；传统电商平台通过"预售＋快递"完成商品交易；而社区团购通过"预售＋自提"实现商品出售，从这两个维度足以看出社区团购对零售模式的创新。

2.2.1　社区团购的供应形式

　　社区团购在供应端相对于其他零售的优势在于通过预售的形式对商品的流通进行优化，从而降本增效，但预售模式需要在一定的顾客规模和商品规模的基础上才能发挥出提效降本的效果。社区团购的基础特征是"预售＋自提"，其中预售是供应中的核心，所以社区团购企业应当通过预售在做好拼团业务的基础上，做好社区团购业务。

　　社区团购标准业务流程如下。

　　（1）供货商提供商品名录。

　　（2）社区团购企业选品上架销售。

　　（3）顾客下单。

　　（4）社区团购企业集中采购。

　　（5）供应商送货至社区团购企业仓库。

　　（6）社区团购企业配送至自提点。

　　（7）顾客自提。

　　（8）社区团购企业快速与供货商、团长和自提点运营商家进行结算。

　　具体来说，供应商提供商品名录，将可供出售商品库存报送至社区团购企业，使社区团购企业了解可选品的范围；结合商品名录和市场现有商品价格，社区团购企业选出合适的商品并制定社区团购的零售价格，并将商品信息发布；

消费者在微信群接龙或平台下单对商品进行预定；在收集消费者预定信息后，社区团购企业以销定采，向供应商提出商品需求；供应商将所需的团购商品移送至社区团购企业，企业再根据订单分拣配送商品至配送点，消费者自提完成整个交易流程。

2.2.2 社区团购的交付形式

社区团购的交付过程是，通过网格仓配送至各团点，再由团长分发至个人，其特征是通过集中配送降低整体物流成本。虽然社区团购的配送时效、用户体验与电商模式相比均具有一定的差距，但社区团购低廉的配送费用是其蓬勃发展的核心竞争力之一。

社区团购交付成本低主要依靠三个关键点：首先，终端交付依靠团长的自发行为。团长为提高负责片区社区团购的经营竞争力可能会主动完成终端配送服务，从而降低消费者购买商品付出的物流成本；其次，社区团购主要通过预售模式提前预知商品订购数量，能够极大地降低库存压力与仓储成本，进一步为物流费用的降低提供空间；最后，社区团购业务采用的网格仓没有存储功能，所以相较于传统电商的仓库，其周转效率更高，因而具有一定的成本优势。

社区团购的交付经历两个阶段的变化发展。第一阶段，在社区团购发展早期，商品货物在共享仓存储周转，通过中心仓完成分发，最终由网格仓交付终端客户，但商品信息并未全流程地在线上进行记录，致使客户与团长无法准确收到商品的交付时间，只能依靠微信群等逐级传达。高频的信息传达增加了团长的工作量，信息逐级传达的滞后性也使用户体验受到影响。第二阶段，大型互联网公司投资入场社区团购业务，依靠雄厚的资金实力与信息的数字化升级将全流程物流体系标准化，极大地提高了全流程的协同效率。例如，将加工、打包和分拣等流程集合，通过自营方式在业务流程上形成闭环，最后通过信息数字化建设促进物流体系信息畅通，提高物流效率。

团长是面对客户的一线人员，其交付表现往往直接关系到客户的满意程度。因此，团长是交付流程终端环节的核心角色。但是现实中，团长往往身兼数职，团购团长可能只是其多种工作身份中的一个，因此团长服务水平的管控难度较大。为提高终端环节用户的交付体验满意度，社区团购公司大多通过利用现有公域流量入口，通过扩大团长服务的客户数量来增加其收入，从而提升团长送货上门的服务意愿，达到改善"最后一公里"交付的用户体验的目的。

综上所述，相较于其他的生鲜电商模式，社区团购通过集中交付的成本优势与团长终端的交付服务，形成了更大的成本优势、更好的用户体验、更广的用户覆盖。因此，社区团购成为价格敏感型用户与下沉市场用户最欢迎的商业模式。

2.2.3　社区团购的流量获取

流量在本书主要是指在一定时间内，网页或应用程序（application，APP）的访问量和用户消费行为的转化量。常用的评价指标有：独立访问者（unique visitors，UV）数量、重复访问者（repeat visitors，RV）数量、页面浏览（page views，PV）数和每个访问者的页面浏览（page views per user，PVPU）数等，其中尤为重要的是独立访问者数量与页面浏览数。

根据流量的所有权不同，流量大致可以分为公域流量和私域流量。其中，公域流量为公共区域的流量，如各大互联网平台的流量。一些商家为提高品牌或产品的曝光度，通过竞价购买其商品在平台上的展示排名等，从而获得消费者的优先关注，以便从互联网平台中获得更多公域流量。然而近年来随着互联网的深度普及，公域流量的增长逐步放缓，获客成本日益增加。

相对于公域流量来说，私域流量的所有权属于企业，其私有属性意味着企业可以通过自营渠道高频次地在任意时段触达用户。社区团购基于微信等公共平台的公域流量优势，通过团长等以组建微信群等方式来构建社区团购企业的私域流量区域，基于微信生态重构人与人之间的关联，从而以相对较低的成本获客。私域流量的运营使企业与用户的接触距离进一步缩短，有利于持续提供用户需要的商品和服务，并为精准的二次营销创造基础。

在社区团购业务的开展过程中，流量是其业务发展的核心。虽然我们强调私域流量的重要性，但是这并不意味着私域流量的运营就比公域流量的运营更加重要，没有公域流量加持的平台会在竞争中处于劣势，公域流量的用户画像与社区团购业务特征重叠度更高的平台更能够建立起自己的核心优势。流量是由公域流量与私域流量共同组成、相辅相成的，没有公域流量滋养的私域流量如无源之水，无法蓬勃发展；没有私域流量加持的公域流量如无的放矢，无法精准定位。

2.3　社区团购的优势与价值

2.3.1　社区团购的商业价值

社区团购企业通过在当地以组织货源、吸引流量、集中配送和定点自提的方式完成交易，其商业价值也在整体的交易流程中体现得淋漓尽致，具体来说主要表现为低获客成本、高周转率、精准交付时间、短营销路径、高营销精度及低运营成本。

（1）社区团购前期获客成本较低。相比行业内生鲜电商的各种运营模式，社区团购销售的商品具有显著的价格优势。社区团购模式前期通过大量开发团点，培养团长经营，通过团长"社区—社交—社群"的方式基本实现全流程私域流量的获取。和社区团购模式相比，其他模式获客成本较高，转化率相对较低。以即时配送的到家服务模式为例，其获客渠道大多通过传统的广告投放或者地推，获客成本较高、营销难度大且客户忠诚度较低。

（2）社区团购的高周转率。优秀的零售企业往往拥有高周转率的性质，高周转率可以将商品损耗维持在较低的水平。社区团购的高周转率通过预售制实现，可以将商品的周转天数缩短至一天，极大提高了商品的周转。此外，传统的商超和便利店均面临着一定的库存管理压力，而社区团购业务通过预售的模式让企业库存维持在极低甚至零库存的优势地位，极大地提高了企业的抗风险能力，降低了企业的库存成本，提升了企业的盈利能力。并且，社区团购采用现金交付的模式可以帮助企业获得面对供应商时更强的议价能力。

（3）社区团购的商品交付时间较为精准。社区团购通过预售的形式，制定固定的团购活动来收集订单具体信息，精准的订单信息使供应商能够高效准时地完成订单的配送。加之社区团购活动截止时间大多为下午至晚上，在供应商将商品交付社区团购企业后，社区团购企业通常可以实现次日配送至自提点。较短的等待时间与精准的送达时间可以更好地保证客户满意度，增加客户回购意愿与客户黏性。

（4）社区团购的营销路径较短、营销精度较高。社区团购营销多通过微信群等私域流量渠道，营销路径较短。且社区团购的团长服务的客户对象多为自提点附近社区居民，地理位置的优势使社区团购企业能够更容易地实现营销活动的实施与扩散。此外，顾客偏好的团购商品种类大多是以家庭为单位采购的生鲜、冷冻冷藏食品、鲜花绿植、日用百货和快消品等，多具有刚需、高频和低货值的属性。商品高频消费的属性以及自提点提货的方式，使得团长频繁地与客户互动，进而提高客户的留存率，改善营销精度。

（5）社区团购的运营成本较低。就普通商超而言，其销售人员的薪酬和租金水电等通常占运营成本的 10%~16%，生鲜损耗占比通常在 2%~5%，物流仓储成本占比通常在 1%~2%。相较于其他零售企业平台，社区团购通过设立自提点的低成本运营方式，无须雇用固定的销售人员或租赁门店，通常选择宝妈或者便利店店长做团长，来承担销售、门店交付与售后的职责。同时，设立自提点的方式不但可以以较低的成本运营社区团购业务，还可以增加到店客流量。兼职的特性、弹性的工作制与无须额外门店投入的特点使得社区团购模式拥有更低的运营成本。但是需要注意的是，能够获得较低运营成本的前提是社区团购要有一定的规模，且每个自提点都要达到一定的交易水平。

2.3.2　社区团购的社会价值

社区团购的社会价值主要体现为提高商品流通效率，降低商品流通成本。快递电商提升了百货的流通效率，社区团购则提升了快消品的流通效率。通常情况下，以现货为基础的流通体系的效率较低。目前我国的快消品在 70 天左右才能完成一次流通。货物从工厂出库，在经销商仓库滞留 35 天左右后运至零售卖场，另外需要 35 天左右完成销售，整个过程共计 70 天左右。社区团购背后的流通体系中，零售企业通过预售完成商品销售。如果零售企业预售经销商仓库商品，总流转时长可以由 70 天降至 35 天；如果零售企业预售工厂仓库商品，总流转时长可以由 70 天降至 7 天以内，极大地缩短了商品的流通时间。

社区团购的核心思想是通过预售减少快消品流通中的滞留时间与成本。中国的快消品从厂家出库至送到顾客手中，通常需要经历两次滞留。两次滞留的成本，包括场租、人工、水电等，大约占到商品零售价的 30%。传统门店的现售模式要求商家备好商品等待销售，那么在无法准确预测需求的前提下，商品滞留成为必然。而社区团购通过预售提前统计需求，进行集中采购和集中运输，快速完成交易，滞留成本自然下降。综上所述，社区团购的社会价值在于能够节约 30% 左右的流通成本。

此外，社区团购团长为灵活就业者提供了一种无须远离居住社区的工作机会，满足了以宝妈为代表的不便长距离通勤、工作时间不固定群体的就业需求。在某种意义上，社区团购也为国民经济就业问题做出了重要贡献。

第3章　社区团购的目标市场和商业竞争

在时代大背景下诞生的社区团购，未来到底能达到多大的市场规模？核心目标客户群体到底是谁？分布在哪里？巨头为何纷纷下场跻身社区团购赛道？它们又采取了怎样的战略战术？竞争格局中又存在着哪些变数？如何理解当前社区团购的竞争格局？本章将从以上问题出发探讨社区团购的目标市场和商业竞争。

3.1　中国互联网企业的发展

社区团购业务是在互联网快速发展的背景下诞生的，是互联网技术与传统零售结合的最新零售模式之一，只有清晰地理解互联网平台经济的底层逻辑和互联网企业的特征，才能更好地了解社区团购业务，进而更精准地把握社区团购的目标市场和商业竞争态势。

3.1.1　互联网平台经济的底层逻辑

经济社会发展有一条贯彻始终的主线，即在不断产生的新需求的驱动下，人类会利用新技术、新制度去实现更高效的生产方式，而每一种新技术与新制度的结合都是一种新的生产方式，其中成本最低、效率最高的生产方式就会成为社会和商业演化的主流方向。

《全球科技行业专题报告》这样描述互联网的本质：2C 消费互联网、2B 产业互联网和 2T 物联网。这三张数字化网络产生的大量数据就是互联网时代的生产资料，而算力、算法和网络构成的基础设施是生产力。连入网络的消费者或产品越多，这三张网就越有价值，即网络效应支配着这三张网，推动着互联网行业和时代的发展，使得互联网时代区别于传统工业时代。

互联网产业能在近 20 年大爆发，并快速影响到人们日常生活的方方面面，本质上是技术与需求结合后的产品被广泛地商业化应用，而互联网商业平台起到了连接供需双方的重要作用，提供了优质服务与体验。从门户网站、B2B（business-to-business，企业对企业）、B2C（business to consumer，企业对顾客）、长视频、本地生活、共享经济、新零售来看，每一轮互联网平台经济的发展都直接推动经济和社会更加高效地运转（刘润，2018）。

从需求端方面来看，数据显示 2021 年我国互联网用户规模保持平稳增长。中国互联网络信息中心（China Internet Network Information Center，CNNIC）发布的《中国互联网络发展状况统计报告》显示，截至 2021 年 12 月，我国网民规模达10.32 亿人，较 2020 年 12 月增长 4296 万人，互联网普及率达 73%。

驱动我国互联网应用用户规模平稳增长的因素主要有两个。一是即时通信等应用实现基本普及。截至 2021 年 12 月，在网民中即时通信、网络视频、短视频用户使用率分别为 97.5%、94.5% 和 90.5%。二是在线办公、在线医疗等新应用的用户规模保持较快增长。截至 2021 年 12 月，在线办公、在线医疗用户规模分别达 4.69 亿人和 2.98 亿人，分别同比增长 35.7% 和 38.7%，成为用户规模增长最快的两类应用领域。

在过去的 20 年，我国互联网经济蓬勃发展，甚至在互联网商业化创新的不少领域超越了欧美国家。我国在各个领域诞生的诸多独角兽企业，如阿里巴巴、腾讯、京东、美团、拼多多、滴滴、百度、携程等，正在不断引领互联网商业潮流的发展。分析近 20 年来互联网各个领域的独角兽企业的发展脉络，我们会发现这些企业估值的底层逻辑主要是用户数量和用户价值，这同样也是互联网平台经济的底层逻辑。

3.1.2 成功互联网企业的特征

总结上述互联网企业的发展路径，不难发现，它们都具有以下几个特征。

（1）流量或者用户是生命线。以用户规模和使用频次为支撑生命线的两个基点。流量主要来源于用户规模和平均单个用户的使用频次。当新的互联网商业模式出现，企业首先应当关注的是目标客户群体特征以及市场规模容量等。互联网生态系统得以持续运转和发挥价值的核心要素是具有足够规模的用户池，这类似于自然界的生态系统，充足的用户群体可以维持业务持续的增长与发展。互联网实现了人与人、人与商品、人与服务之间的互联互通，能够高效便捷地满足用户需求。但是只有当互联互通的连接规模具有一定的基础时，一定规模的流量才会产生，需求与消费也随之而来。

因此，达到一定的连接规模及争夺流量成为各互联网公司的首要任务。没有流量，互联网公司所提供的所有服务便毫无价值。互联网企业不断扩展业务边界，主要目的之一就在于扩大自己的流量和用户池。而以生鲜和快消品为主的社区团购能够带来更高的使用频次，从而创造出更多的流量。所以在社区团购出现时，互联网巨头毫不犹豫地选择了加入到这场下沉市场的流量争夺战中。

（2）互联互通需要一定连接规模的特性，使互联网企业的相关业务产生规模经济效应。规模经济对于互联网企业降低后期成本、实现盈利反转至关重要，因而获取新用户和留存老用户是当前互联网企业保持发展的核心命题。互联网开发初期，互联网企业主要依托信息化技术帮助企业实现商品流通渠道的转换，为消费者提供更好的用户体验，这些商品和服务消费频率适中，相比之下，社区团购中的生鲜和快消品对于消费者而言是更加高频消费的刚需，更容易形成用户规模，进而能够从规模中获益，因此，互联网巨头迫切地拓展社区团购业务。

在经营策略上，近年新兴的互联网商业模式几乎均为前期通过大量补贴吸引用户，使消费者形成新消费习惯，积累到一定用户规模形成市场竞争优势后停止补贴，最后通过业务发展与资本运作将投资收回。为了探索和挖掘用户需求，互联网公司不断创新、多元探索，寻找可以快速形成用户规模的服务需求，人为制造规模化需求，引导流量规模化，从而实现商业收益的规模化。

（3）互联网企业利用信息化技术跨越空间距离的优势使其更容易也更需要进行多元化发展。传统商业生态很难将不同地区的用户聚集同一平台，而互联网跨越空间距离的优势使其更容易将供给方与需求方连接，并在全国甚至全球范围内获取用户。互联网技术一方面满足消费者对便捷性的需求，另一方面也导致消费者更容易流失，消费者只要点击网页链接就能快速转移至其他互联网平台，如何防止消费者流失是互联网公司需要解决的一个问题。因此，互联网公司在某个领域占据绝对优势之后，通常会开始拓展其他多元化业务来吸引新用户或留存平台老用户，使流量池不被其他企业稀释甚至抢夺，同时探索新的盈利模式。

（4）互联网企业的人员流动性较强。对于互联网公司的从业者而言，不管是技术类、运营类还是财务类的职能岗，其流动性相较于传统行业更强，这是因为互联网企业对人才的需求随着业务的发展在不断变动，一方面，劳动力需求的结构性变化使得互联网企业需要持续招聘具备对应新兴技能的劳动力；另一方面，行业的人才也可以在相互竞争下的不同的互联网企业之间跳槽、流动。但互联网行业在近10年的爆发式增长后已经明显出现了人才过剩的现象，而这并不是一个利好的信号。在未来的互联网环境中，如果没有新的模式出现，人才流动性将会越来越小。

（5）互联网公司的产品和服务需要保持快速迭代的节奏。互联网技术的迅猛发展和快速传播使得互联网企业之间的竞争日趋激烈，同时用户需求的传递速度变得更快。在全网竞争的环境下，互联网企业必须不断倾听用户的反馈，保持高频的产品迭代速度，频繁更新服务，与用户始终保持同步，并敏锐地捕捉用户需求。只有这样，企业才能够迅速响应并满足消费者的需求，提高消费者增长率和留存率，同时保持其在竞争中的优势地位。相较于传统行业，互联网企业具有更多的资金、人才和技术优势，但是互联网行业内部企业之间的竞争更加依赖于企业生态系统的综合能力和协同能力。因此，在新兴领域，当巨头企业进入市场后，它们往往会对新生的创业公司造成降维打击。

（6）互联网企业在取得绝对优势前通常会在一定程度上保留一定的资本储备。当互联网商业生态经济增长预期脱离资本预期时，互联网公司内部的承压能力会非常脆弱，甚至可能会一夜崩塌。尤其是在组织越来越大、成本居高不下时，如果投入的资本到产能的转化率低于竞争对手，就会失去增长机会，而坚持到最后的互联网企业最终能够实现赢者通吃，所以，在当下保存足够的资本实力是互联网公司的一项重要战略。因此，在不损害自身商业逻辑的基础上，适当收缩成本，调整高成本的业务单元成为必然。

3.2 社区团购的目标市场

社区团购用户具有高价格敏感度、平均年龄相对较大、以女性为主等特征。随着互联网普及率的增加，互联网行业目前正逐步走向存量市场竞争，而存量市场竞争的核心在于构建企业壁垒，这也是近年来监管开始趋严的原因之一。通过中国互联网发展史，我们可以较为清晰地发现下沉市场用户与二、三线城市消费者的需求还存在较大拓展的空间，而这些消费者也正是社区团购的目标群体和核心群体。下文通过对收入、年龄和居住地分布数据的描述统计，分析社区团购的发展潜力。

如表 3.1 所示，根据《中国统计年鉴 2022》关于人民生活部分的统计，按全国居民五等份分组的人均可支配收入数据，2021 年，20%低收入组家庭人均可支配收入为 8332.8 元（即月均不足 1000 元），20%中间偏下收入组家庭人均可支配收入为 18 445.5 元（即月均不足 1600 元），20%中间收入组家庭人均可支配收入为 29 053.3 元（即月均不足 2500 元），20%中间偏上收入组家庭人均可支配收入为 44 948.9 元，20%高收入组家庭人均可支配收入为 85 835.8 元。

表 3.1　全国居民按收入五等份分组的人均可支配收入　　　　单位：元

组别	2015 年	2016 年	2017 年	2018 年	2019 年	2020 年	2021 年
20%低收入组家庭人均可支配收入	5 221.2	5 528.7	5 958.4	6 440.5	7 380.4	7 868.8	8 332.8
20%中间偏下收入组家庭人均可支配收入	11 894.0	12 898.9	13 842.8	14 360.5	15 777.0	16 442.7	18 445.5
20%中间收入组家庭人均可支配收入	19 320.1	20 924.4	22 495.3	23 188.9	25 034.7	26 248.9	29 053.3
20%中间偏上收入组家庭人均可支配收入	29 437.6	31 990.4	34 546.8	36 471.4	39 230.5	41 171.7	44 948.9
20%高收入组家庭人均可支配收入	54 543.5	59 259.5	64 934.0	70 639.5	76 400.7	80 293.8	85 835.8

资料来源：《中国统计年鉴 2022》

注：全国居民按收入五等份分组是指将所有调查户按人均可支配收入水平从低到高顺序排列，平均分为五个等份，处于最低 20%的收入群体为低收入组，以此类推，依次为中间偏下收入组、中间收入组、中间偏上收入组、高收入组。本表数据为不同分组家庭的人均可支配收入

现如今，随着生产力水平和社会管理能力的不断提升，人们的生活水平有了明显提高，我国已经全面建成了小康社会并实现了脱贫攻坚伟大胜利，吃不起饭、上不起学的情况很少发生。虽然我国已经实现整体脱贫，但由于地域和城乡发展不平衡等因素，国内收入差距依旧明显，家庭收入也明显分布不均。相当一部分群体固定饮食消费还比较低，对于商品价格较为敏感。此外，家庭人均可支配收入较高的群体大部分集中在国内一、二线城市，但该群体中相当一部分居民生活并不十分宽裕，在一线城市工作，扣除房贷、车贷、子女教育和人情往来费用等，留存收入所剩不多。

下面进一步考察中国互联网用户的年龄结构。如图 3.1 所示，中国互联网用户以 20～60 岁这一年龄群体为主，相应的比重超过 70%。这一年龄段的互联网用户大多在劳动就业的同时承担着照顾家庭的职责，以便利的方式获取物美价廉的生鲜商品符合其中大多数人的需求。

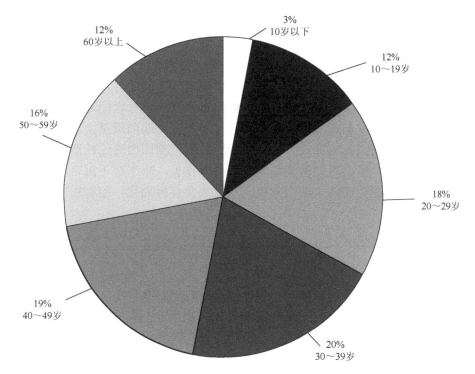

图 3.1 中国互联网用户年龄结构

资料来源：中国互联网络信息中心

所以，从收入角度来看，低收入组、中间偏下收入组、部分中间收入组都是社区团购的核心目标客户群体。依据 2021 年 5 月公布的第七次全国人口普查数据，全国总人口超过 14.1 亿人，其中居住在城镇的人口超过 9 亿人，占 63.89%，户籍人口城镇化率为 45.4%；居住在乡村的人口超过 5 亿人，占 36.11%。从年龄角度以及性别角度来看，20～60 岁为家庭的日常生活付出更多时间的女性用户是社区团购的核心用户。

目前在这个市场上用户数量覆盖最广、发展最好的平台是拼多多，从 2015 年成立至今，其用户数量每年都在快速增长。2021 年，其他电商平台诸如阿里巴巴、京东才开始发力争夺这部分用户。电商三巨头阿里巴巴、京东、拼多多发布的 2021 年度财报显示，截至 2021 年底，阿里巴巴全球年度活跃消费者达到约 12.80 亿人，同比增长 64.3%，新增用户主要来源于淘特；拼多多年活跃买家数达 8.687 亿人，同比增长 10%，用户从农村市场拓展到一、二线城市；京东活跃购买用户数约 5.7 亿人，同比增长 20.72%，新增用户中的 70% 来自下沉市场。

在未来发展方面，京东曾尝试通过微信引流来发展京喜，从而获得下沉市场的流量入口，同时启动京喜拼拼，投资兴盛优选，以向社区团购领域进攻为主；拼多多一如既往通过营销发力刺激用户增长，提升农副产品的竞争力，希望在商品端帮助农户提高收入，在消费端为消费者提供更好的农产品，在流通端完善农村物流，所以在社区团购业务方面，拼多多以防守为主；阿里巴巴则是通过淘特、淘菜菜持续向下沉市场发力，同时反哺整个集团的流量增长，属于攻防兼备。

电商巨头希望利用自身的资金和流量优势进入新的业务场景，而其他企业则希望通过社区团购模式构建次日达运输网络，并基于社区团购高频刚需的特征对传统电商巨头发起进攻。十荟团曾经基于社区团购的流量上线本地生活，通过本地生活帮助团长提升收入，取得一定成效；美团则通过社区团购业务上线实物电商业务，虽已启动但业绩平平。可以预见，未来在下沉市场的竞争会越发激烈，可能各企业切入的商业模式、场景会有所变化，但对用户的争夺将持续进行。

3.3　社区团购的商业竞争

在互联网巨头入局社区团购之前，社区团购的商业竞争主体主要为连锁零售企业社区团购业务与地方性社区团购公司；之后，互联网巨头成为社区团购行业新的竞争主体。随着社区团购业务的发展，阿里巴巴、美团、拼多多和滴滴均直接进入社区团购赛道，拓展相关业务，腾讯则选择投资兴盛优选这家社区团购企业。社区团购行业目前已经汇集互联网行业半数领军企业。那么，互联网巨头为什么要开展社区团购业务？这对社区团购赛道会有什么影响？结局又将如何？

基于上述问题，本节从以下四点展开讨论：第一，分析巨头入局社区团购的原因，也即社区团购业务的优势，阐述社区团购大战的必要性和必然性；第二，探讨社区团购商业竞争的特点，分析其内在规律和原理；第三，分析社区团购商业竞争的战略、战术和战略思想；第四，探讨影响商业竞争结局的因素，并提出影响结果的两大重要变数。

3.3.1　巨头入局社区团购的原因

巨头入局社区团购主要有以下几点原因。

（1）社区团购是可规模化、可盈利的业务。兴盛优选的业务辐射湖南和湖北的绝大多数城市和县镇，以及江西、广东、四川、重庆、陕西、河北、山东等部分区域的主要城市。2020 年兴盛优选商品交易总额（gross merchandise volume，GMV）超过 400 亿元。兴盛优选联合创始人也曾言：兴盛优选曾经在某个规模体量的时候是可以盈利的。部分三、四线城市的中小企业社区团购业务日流水从几万元到数十万元不等，具备盈利条件。因此，社区团购是可规模化、可盈利的业务。

实际上，电商项目初期阶段均难以实现盈利要求，强如电商巨头阿里巴巴、京东、拼多多等也曾面临这个问题。但是，这些公司依靠其巨大规模优势，通过构建完备的基础设施和基础业务，并且相继发展出支付、金融、物流和云计算等平台业务，最终实现了盈利。因此，现在无论是国外还是国内的大型电商平台，只要保持良好的现金流，具有较大的市场规模，基本可以被认为是具有发展前景的项目。

社区团购业务模式通常由用户预先订购商品、支付货款。社区团购主要品类为生鲜等农产品，生鲜农产品供应商的账期大多在 1～3 个月，社区团购团长的结算周期可以长达 1 周至 1 个月。因此，社区团购业务达到一定的规模后，现金流基本能够保持稳健状态，业务的可行性很强。

（2）社区团购比外卖业务更具潜力。社区团购业务的地理渗透性比外卖业务更好，图 3.2 以 2019 年美团外卖前三季度订单量为基准绘制了中国各线城市外卖订单量占比。图 3.2 显示外卖业务主要分布在一线至三线城市。四、五线城市外卖业务量较小，主要原因是这些城市的商圈与消费者空间距离较小，消费者线下到商圈的成本较低并且较为方便，此外，城市外来人口较少，办公时间相对较短，所以外卖业务对于消费者便捷性的改善效果有限。

但是，社区团购却可以从新一线城市贯穿到城镇，甚至下沉至农村。根据兴盛优选联合创始人刘辉宇分享的数据，兴盛优选已经进入 161 个地级市、938 个县级市、4777 个乡镇和 31 405 个村。以湖南省社区团购业务为例，兴盛优选已经渗透至湖南省岳阳市村级行政单位，并且村级单位居民已经普遍有过在兴盛优选购物的经历。苏州鲜橙科技有限公司（简称同程生活）也有类似的表现。因此，从地理渗透性上看，社区团购比外卖具有更大的潜力。

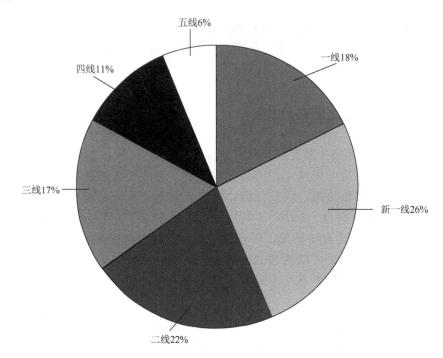

图 3.2　中国各线城市外卖订单量占比

在品类、频次和客单价方面，社区团购与外卖基本相当或更有优势。社区团购主要覆盖生鲜、快消品和厨房用品等家庭主流品类，频率几乎可以达到每天一次，客单价在 15 元左右。2019 年 9 月兴盛优选联合创始人刘辉宇公布，兴盛优选在湖南省日均订单有几百万单（假设有 200 万单），年度 GMV 预计为 100 亿元，每笔订单约 14 元。2020 年，兴盛优选的 GMV 增长到 400 亿元，基于 2019 年的湖南省订单数据预估，湖南省日均订单量应该超过 300 万单。以兴盛优选在湖南省的数据代表整个社区团购行业在湖南省的数据进行保守估计，并且根据湖南省地区生产总值占 GDP 的比例可计算出全国社区团购的潜在日均订单规模约 7500 万单，总 GMV 约 3800 亿元。

美团外卖联合中国饭店协会、艾瑞集团在 2020 年 6 月共同发布的《2020 外卖行业报告》指出，外卖行业经过六年快速发展，2019 年的 GMV 约 6000 亿元。但如果互联网巨头加入社区团购赛道并充分运营，社区团购业务总量会大大增加，整体规模很可能赶超外卖业务。

（3）社区团购业务可以拓展自身业务的增长空间。互联网巨头的业务在经历了人口红利带来的快速发展后，急需下一个增长点来实现再次增长。美团估值 2000 亿美元，业务增长逐步进入瓶颈期；在下沉市场方面，拼多多已经取得了一定的优势，但目前仍寻找新的增长点；滴滴的估值在 2018 年已经达到了 500 亿～

800 亿美元的水平，但其未来的增长前景尚不明朗，能否借鉴 Uber 的新营收方式与新增长点仍未可知。在本地生活领域，美团正在与阿里巴巴对抗；而在低端市场方面，拼多多正在与阿里巴巴展开竞争。社区团购是上述企业竞争面临的又一个重要机会。

5G、人工智能、产业互联网还在进行基础设施建设，未来发展局势如何尚不确定。社交、电商、游戏、搜索、信息流和视频等业务的竞争格局基本定型，暂时看不到大规模的增长。目前还没有一个千亿级的市场像社区团购一样，既有清晰的模式，又有经典的范例，并且没有明显占据优势市场地位的企业盘踞，因此，社区团购成为互联网巨头企业争相入局开展竞争的领域不足为奇。

一个行业中，对于弱者而言，与巨头针锋相对的策略并不适合自身发展。弱者的最佳策略是关注自身、发展自身，寻找新的战场，在增长中解决竞争问题。美团联合创始人王慧文就曾表示，用增长解决美团所面临的困境。而对于强大的公司而言，发展和对抗同样重要，对抗有时甚至更为重要。对于一个规模达到千亿级的增量市场而言，阿里巴巴拿下该市场可能不会显著提升其规模和估值，但如果被美团或拼多多夺取，那么两者的规模和估值差距会明显缩小，这会对阿里巴巴造成巨大压力。因此，为了发展和竞争的需要，互联网巨头必须进入社区团购赛道，开展社区团购业务。

（4）社区团购业务可以帮助电商巨头在生鲜领域布局战略。生鲜是互联网行业少数一直没有攻克的领域，但一直备受关注。自 2013 年以来，一些互联网创业者和巨头接连尝试用互联网思维改造生鲜市场。当时的逻辑是，既然电商可以卖服饰、美妆、日用品等产品，为什么不能卖生鲜？于是，每日优鲜、叮咚买菜、盒马鲜生等平台陆续诞生，生鲜行业逐渐成为继餐饮之后受到电商巨头关注的领域。

三大电商巨头在生鲜业务的布局各具特色。美团的生鲜业务战略非常全面，包括 B（business，企业）端生鲜配送业务的开拓、C（consumer，消费者）端生鲜业务的推广、美团收银对生鲜门店的进驻以及旗下多个社区团购项目的孵化，覆盖了生鲜行业的前端、中端和后端；阿里巴巴早年通过入股易果进入生鲜领域，后来自主推出盒马鲜生和菜划算，两次投资十荟团，内部孵化多个社区团购项目；拼多多则是从做水果起家，一直关注农产品领域，因此，在社区团购领域有着丰富的经验和显著的发展优势，也符合其战略定位的选择。目前，阿里巴巴、美团在生鲜板块的 C 端和 B 端都有布局，拼多多属于深度挖掘和扩展现有业务。

总而言之，社区团购业务的市场规模预计将超过外卖业务，并且行业内暂时无明显占领垄断地位的企业，存在一定的竞争空间。美团、拼多多等要在发展中解决竞争问题，而阿里巴巴等巨头企业要在竞争中解决发展问题。此外，美团、拼多多、滴滴需要考虑将社区团购作为第 N 条增长曲线。

3.3.2　竞争特点：持久战和区域割据战

社区团购的商业竞争将是一场持久战，大概率是区域割据战，统一全国的社区团购市场难度极高。下文将从生鲜的区域性因素、区域战略纵深、业务模式及参与各方的力量对比分别展开分析。

（1）从生鲜的区域性因素来看，社区团购的主要商品品类是生鲜，消费者对于生鲜产品新鲜度和品质的要求更高，而生鲜产品易受季节、气候、地域等因素影响。为了满足消费者对生鲜类商品的需求，商家需要在每个区域提供仓储、分拣、配送的基础设施，并在当地采购商品。此外，社区团购业务中的配送距离较短，能够在时间和成本上更好地解决生鲜产品易损耗的问题。因此，社区团购业务能够更好地适应生鲜产品区域性特征，满足消费者的需求。

货源、货品及中间的流转环节都使得生鲜的产业结构具有强区域性。一方面，社区团购的货品具有强烈的区域性特征，以同一个品种的辣椒为例，云南产的辣椒和湖南产的辣椒在大小、辣度、颜色等多个方面表现不同，价格也不一样。另一方面，在中间流转环节上，大部分的生鲜商品遵循"农田→基地→区域供应商→平台"的链条，只有少数生鲜品类能够从基地直接采购，其余品类基本均需要区域级供应商提供。例如，美菜、蜀海百川、快驴进货等 B2B 生鲜平台均按照相同链路进行采购配送。

（2）从区域战略纵深来看，在外卖和出行市场，企业需要 2 年到 3 年的时间才能在前 100 个大城市占领市场。但社区团购业务规模更广泛，发展业务所需时间变长，占领市场规模的选择变多。因此，企业在未来 1~2 年开展社区团购业务时，需要在全国占领少数城市或在特定区域占领大面积市场中做出选择。如果竞争对手率先占领了全国重点城市，后来者可以采用区域战略，重点经营某些地区，专注于攻占县城、乡镇甚至农村，并以此为基础反向攻占重点城市，按照区域推进，逐渐削弱竞争对手在全国范围内的影响。由于社区团购业务具有明显的区域性特征，采用区域性策略比全国性策略更加优越。

社区团购业务与外卖业务、出行业务等有较大不同。在外卖和出行市场中，当地级市被占领后，平台之间往往在该城市展开激烈的竞争，攻方缺乏战略据点的支撑，面临的局势相对被动。因此，出行和外卖市场采用了全国快速扩展的策略，并呈现出全国统一市场的格局。相比之下，社区团购业务具有更大的区域性特征，需要在各个地区建立稳固的战略基础，才能推进业务发展。

城乡人口分布是社区团购区域性格局的基础。尽管全国城镇化率已超过 60%，大部分省区市的城镇化率也超过 50%，但是大部分人口并未生活在地级市及以上规模的城市，而是分布在小城镇中。以湖南省为例，湖南省城镇化率达到 61.2%，但城区的人口仅占省内总人口的 **21.37%** 左右,下沉市场潜力巨大。这种人口和业务基础的特点决定了社区团购业务必然呈现出业务盈利周期长、区域性强的特点。

（3）从业务模式来看,其复杂性决定了竞争的长期性。社区团购相较于共享单车、网约车和外卖等其他业务,业务链条更长,服务、产品和参与方更多,资产属性也随之增加,因此业务难度随之增加,逐渐形成长期竞争的局面。这也意味着,出现垄断全国市场的局面的可能性将降低。

具体来说,以社区团购业务的仓储物流环节为例,外卖配送的基础设施包括骑手、摩托车、手机、系统和必要装备;而社区团购的生鲜仓储物流基础设施则包括大型仓库、分拣设备、冷链车队、手机、系统及必要装备。与外卖相比,社区团购需要额外的物流设施,这些物流设施不仅会使得资产负担极重,而且会使作业流程更为复杂、机械化程度降低;相比于电商的标准仓储物流,社区团购的仓储物流更为复杂,效率也更低。尽管像兴盛优选等企业已经在各个环节尽量简化,但是业务模式依然很复杂。这种业务模式的复杂性也使得快速占领全国市场几乎不可能,社区团购业务盈利周期长、区域性特征也因此更加明显,上述业务模式的特征对比如表 3.2 所示。

表 3.2　不同业务模式的比较

项目	主要参与方	服务或产品	供应端	SKU	资产属性	备注
共享单车	用户、平台和政府	自助式的骑行服务	单车	0/1	重	前期供应单车
网约车	用户、平台、司机及政府	轻交互的运输服务	司机或车辆	0/1	轻/重	前期利用出租车和社会车辆的存量来供应
外卖	用户、平台、商家及骑手	较复杂的配送服务	商家、骑手	0/1	较轻	需组织商家骑手,重人力组织,不重资产
社区团购	用户、平台、团长和供应商	半自助式配送服务	商家、司机和基础设施	海量	重	需要建仓配

注:SKU 英文全称为 stock keeping unit,即存货单位

（4）从参与各方的力量对比来看,随着社区团购业务的市场规模不断扩大,各企业都开始重视这一领域,参与者众,但是各方力量较为均衡、互相制衡,这就导致了竞争的长期性。此外,在社区团购业务中,微信是最为重要的基础设施之一,团长和消费者、团长与经营者等主体之间可以通过微信终端进行沟通,或通过微信小程序进行相关操作等。然而,阿里巴巴与腾讯之间的竞争关系导致二者无法顺畅连接微信端口。为了参与竞争,阿里巴巴势必需采用投资入股的方式推动第三方社区团购企业参与竞争;然而,腾讯也不愿意看到拼多多、美团、滴滴等平台独占社区团购市场,因此,其态度在很大程度上决定了社区团购战争的难易程度。

综上，由于生鲜的区域性特征显著、区域战略纵深广阔、社区团购业务模式重而复杂、各参与方实力均衡以及阿里巴巴、腾讯的特殊地位，社区团购市场的竞争必然是一场持久战、割据战。

3.3.3　竞争的思想、战略、战术

社区团购市场份额的竞争是一场持久战、区域割据战，因此企业需要制定长期竞争与区域发展的竞争思想、战略和战术。《孙子兵法》有言："昔之善战者，先为不可胜，以待敌之可胜。不可胜在己，可胜在敌。"这段话启示参与者要善于创造条件使自己立于不败之地，然后捕捉战机战胜敌人。因此，参与者也应在思想上要做好准备，要有"不可胜在己，可胜在敌"的战略思想。

由于社区团购竞争的复杂性、艰巨性和持久性，参与者往往无法通过单点突破、快速占领市场的方式赢得胜利。美团、拼多多、滴滴等平台都是经历了残酷的商业竞争才成为行业翘楚，这很容易让企业内部产生好战、必战的冲动，认为走老路、对战可以解决一切问题，任何事都诉诸对抗。针锋相对是不可避免的，但这并不是唯一解。参与者需要认识到竞争方和业务难度的增加使社区团购的竞争与出行、外卖领域的竞争存在一定的区别。因此，只是用正面完全竞争的方式获得市场优势的可能性较低。

企业参与社区团购的商业竞争需要采取持久战战略，要在思想、组织、人员、资金给予充分的准备。思想上，企业要做好持久战的准备，放弃短期利益，强调搭建完备、高效和可持续的平台生态体系；组织上，企业对社区团购业务应给予充分的重视和独立性，全力支持一线，适当向一线员工授权；人员上，企业需给予社区团购业务充足的人员供给，优先满足人员数量，提高人员素质；资金上，企业应保障充裕的现金流与外部资金来源。这些都是企业在社区团购领域获得长期竞争力的必备条件。

另外，参与竞争的企业也需要密切关注外部条件。为了避免竞争过于激烈，企业应建立外部联盟。企业在内部实力的发展过程中，也应该充分关注外部条件的变化。资本方面，外部资金的供给可以为企业提供竞争优势，并形成联盟。业务方面，社区团购业务可能比京东的电商模式要消耗更多的资金，业务模式更加复杂，单打独斗并非明智之举。如果企业各自为战，相互消耗，将面临巨大的损失。

此外，社区团购要综合考虑区域性战略而不是全国战略。目前由于社区团购的区域纵深广阔和业务模式复杂等特点，最终较大可能形成区域发展的格局。以社区团购主要销售商品品类之一的生鲜品为例，生鲜区域性的特点使社区团购企业的区域局部胜利无法对其全国市场的扩展产生较大影响。比如，企业已经成功

开拓浙江市场，但当其转换至湖南市场时，仍需在市场地再次建立仓配、供应链并积累客户，能够重复利用的只有先前的经验与组织管理。

社区团购业务的广度和战略纵深，使社区团购企业更适宜优先采用区域性策略而非全国性策略。社区团购业务的发展对企业供应链的运营具有一定的要求，使其业务资产模式较重，对资金、人员规模和素质也提出了较高的要求。当用户习惯发生转变、供应链效率具备优势时，外部企业进入将需要付出巨大代价。所以，如果区域竞争格局无法取得规模优势，那么构建广阔深厚的企业壁垒，选择集中开拓相邻较为空白区域以形成壁垒将是更好的选择。例如，兴盛优选在湖南和湖北的社区团购业务覆盖全境的城镇，符合区域性筑墙策略。区域性战略既是兴盛优选的防守战略，也是巨头的进攻战略。需要注意的是，实施区域性战略并不仅是几个城市的联合部署，而是城市和乡村的联动，通过城乡需求互补构建完整的战略框架，发挥区域纵深的优越性。除此之外，为应对巨头的进攻，实施区域性战略要充分利用当地供应链的先发优势，降低成本提高销量，以产生更加显著的规模经济效益。

综合而言，区域寡头的防守战术如下。

（1）全面覆盖区域内消费者。尽可能全面辐射区域内消费者。通过消费者的使用惯性和平台熟悉度提高巨头进入市场的壁垒。如果不进行全面覆盖，互联网巨头很可能通过细分市场低成本进入，如拼多多进入淘宝和京东忽视的下沉市场。全面覆盖的战略可能暂时会降低区域社区团购企业的经济效益，但却是抵御巨头进攻的有效手段。

（2）加强平台运营能力，弱化对团长依赖。一方面，将团长利益与平台绑定，如果团长转移至其他平台，其将面临巨大的佣金损失；另一方面，加强平台运营能力，降低由于团长转移造成平台业务受损的影响，逐步提高平台拉新获客的能力，弱化团长对用户和群聊的掌控权，降低团长工作强度，通过激励措施进一步提高团长对平台的忠诚度。

区域寡头企业应通过进入市场的先发优势和更高效的供应链运营进行积极主动的防守战略。区域壁垒的增加能够使竞争对手开拓市场的难度进一步增加。一方面，由于用户与团长资源的有限性，以及团长需要较大的成长时间成本，区域性占领的重点在于用户与团长。另一方面，社区团购生鲜业务的规模相对于本地生鲜供应规模较小，供应商与仓库选择相对充沛，可以快速配套。因此企业可以重点关注用户与团长两个重要影响因素。

相对于防守方的战略、战术，进攻方可以采取步步为营、体系化推动的战术。用户容易受价格折扣的吸引，但以社区团购的主要品类生鲜为例，其即时性的特点使用户对运输效率与商品质量有较高的要求，供应链及仓配体系能否及时响应是用户实际重点关心的问题。考虑到社区团购具有持久战的特征，如果过分重视流量与订单量的表现，忽视了相配套的仓配与供应链运营的同步适应，将极大地影响流量的转化率和用户的留存率。社区团购的用户主要受价格折扣的吸引，但生鲜即时性的特点使得用户对运输效率与商品质量同时有较高的要求，供应链反应的迟钝将对客户留存率产生不利影响。

此外，折扣引流等运营方法对供应商参与社区团购业务具有较大的负面影响。生鲜品保鲜期较短的特征，使其不宜大量囤积，否则贬值损耗较大。而折扣引流等电商运营策略将使商品需求出现较大波动，增大供应商的存储风险，容易导致商品质量水平出现波动，服务水平降低，最终导致用户体验下降。所以，企业在开展社区团购业务时，应当关注社区团购业务独有的特点，注重供应链的体系化建设和长久发展，而不是专注于烧钱拉新，或者积极囤货，因为社区团购的商品类别、经营模式和电商是不一样的。

3.3.4　竞争中的两个变数

社区团购的商业竞争中存在业务模式和参与者这两个变数。

（1）业务模式变数。社区团购目前的业务模式并不是完美的最终模式，如现在的社区团购平台对团长这一角色的重视程度出现了两极分化的现象。兴盛优选就曾提出过"去团长化"的主张，这是在特定情境下对社区团购业务模式的一种改进，也展示出了社区团购模式分化的一种可能性；在社区团购平台商品同质化的背景下，也有平台想通过产品化运营来实施差异化战略。从业务模式变更的角度来看，新的市场环境和竞争环境很可能促使社区团购进化出新的业务模式。

首先，电商和社区团购的本质都是"零售＋互联网"。对于零售而言，消费者关注的核心是商品的质量、价格、品类、便捷性等。第一代电商中的淘宝通过提供物美价廉、品类丰富的商品而积累了广泛的消费者群体；另一家电商巨头京东则通过京东物流实现短平快的交付，降低商品运输成本，提升购物的便捷性，也满足了消费者核心需求。此外，电商巨头还通过"618""双十一"等促销活动吸引消费者，提高销售绩效，这些促销工具的使用也侧面反映了电商的本质其实是零售。

消费者线上购物的原因是物美、价廉、品类丰富、购物便捷，四大零售要素的组合提升了购物体验，而并不仅是因为上网有趣或者网页的交互设计得神奇。不管是电商平台还是社区团购平台，都是在四个零售核心要素上吸引消费者。例如，京东强调正品保障，从质量上突出优势；拼多多则强调低价和性价比，从物美、价廉上突出优势。拼多多的"砍一刀"游戏、拼团等社交裂变的运营战略通过娱乐化的形式服务于其目的，是营销工具而不是战略目标。社区团购也依然是通过预售、自提和弱社交关系的运营方法突出物美价廉、购物便捷的零售要素，四种电商的对比见表3.3。

表 3.3　不同阶段电子商务的比较

阶段	代表	核心体验	营销方法
第一代	阿里巴巴	低价、海量 SKU	"双十一"全平台大折扣促销
	京东	优质平价、便捷交付	不定期的品类促销
第二代	拼多多	极低价格和性价比	价格杀手和拼团
第三代	社区团购	低价	预定、自提、熟人团购

所以，社区团购的团长运营以及预售自提的模式并不会是一成不变的。兴盛优选在发展出"共享仓—中心仓—网格仓—团点"的流程之前，曾经采用的是"城市共享仓—城市区域仓—配送站点—门店"的仓配模式。2020 年，兴盛优选尝试简化仓配流程，跳过区域仓，直接从城市共享仓配送至站点，并选择租赁仓库而不是自建仓库以降低供应链成本。通过业务外包的方式，兴盛优选减少了在社区团购供应链建设上的资本投入，实现了轻资产模式。

供应和仓配端也有继续改良的空间。很多分布在城市各个地区的农贸市场大户拥有自己的仓库和配送中心。社区团购企业可以通过与农贸大户合作的方式，减少社区团购模式中的仓库和配送站点数量，同时农贸大户也可以直接作为平台生鲜商品的供应商，平台为农贸商家提供配送服务，将供应、分拣、配送整合为一体。

综上，从业务模式演化的视角来看，社区团购的业务模式仍有较大的改进空间，未来的改进将主要从订单和供应、仓配两侧出发，着眼于质量、价格、品类、便捷性四大零售要素。

（2）参与者变数。除了消费者和社区团购平台外，政府和超大型企业也是影响社区团购业务走向的重要力量。例如，2020 年底，政府出台的社区团购"九个不得"新规，规范了社区团购市场秩序；再如扶持滴滴上位的阿里巴巴、腾讯进行支付补贴大战，直接改变了出租车市场的供给和需求。目前的社区团购市场也是如此，不同的超大型企业或寻求独立开拓社区团购业务，或投资社区团购新兴企业，它们的入局与态度对社区团购市场的格局演变有重要影响。每一个参与者都会给社区团购的发展带来变数，但不变的是社区团购竞争的长期性和持续性。

3.4　影响社区团购竞争局势的因素

在评价具体公司和业务之前，首先我们需要建立一个评价逻辑和框架，并为评价逻辑和框架选取最合适的要素，从而找到主要矛盾并解决问题。从具体案例及与各平台的专家、投资机构专业人士的访谈中，本书总结得出，资本规模、认知水平、决策水平、资源、影响力、组织能力、人员素质是影响社区团购竞争格局的七大关键要素。

3.4.1　参与方的资本规模

不管已经进入社区团购市场的企业当前的业务能力有多强，后进入者按照每单亏几元钱的价格销售，依然能争夺到市场份额。在资本差距悬殊面前，业务能力的差异就会显得不那么重要。

如果不考虑业务能力的差异，只考虑资本的话，巨头的准备工作是非常充分的。2021年4月，美团定增融资70亿美元（约500亿元），2020年净利润41亿元，截至2021年10月共持有现金及现金等价物713亿元。2020年11月，拼多多发布17.5亿美元可转债和价值35.9亿美元的美国存托股份（American Depositary Shares，ADS），共计53.4亿美元（约370亿元）。2021年，拼多多第二季度净利润24亿元，截至2021年10月共持有现金及现金等价物191亿元。阿里巴巴2020年净利润1432亿元，截至2021年10月共持有现金及现金等价物3212亿元。

所以，当巨头全力以赴的时候，兴盛优选、十荟团、同程生活、武汉食享会科技有限公司（简称食享会）等创业公司应该更加重视资本的力量。哪怕巨头的资本消耗殆尽，其影响力也远超兴盛优选、十荟团等创业公司，补充资源的能力更是能够碾压它们。就像古代行军打仗，一方（互联网巨头）未雨绸缪，还没开始行军就准备了大量粮草，而且在行进过程中还募集了比其他人更多的粮草；而另一方（创业公司）要边打仗边筹粮，打得好甚至打得特别好才有可能募集到粮草。所以社区团购最大的战略就是资本，如果在资本上存在失误，轻则是收缩业务区域，重则是直接退出赛道。

3.4.2　参与方的认知水平

互联网巨头不仅有充足资金，而且具有远见卓识。例如，2021年4月，美团在持有数百亿元现金的基础上又融资500亿元并持续投向市场进行全国扩张，让巨头京东望而却步，收缩社区团购业务至九个省区内。一级、二级投资人摇摆不定的时候，美团仍然坚定扩展规模版图，这种认知的超前性和深刻性改变了整个市场格局，影响到了所有参与者的决策，就好比当部分企业还在犹豫要不要上牌桌、要出多少筹码、是否跟牌的时候，它们的竞争对手已经做到了改变玩牌规则和筹码规则，已经掌控局势并开始引导局势的走向，从而使得其他参与者变得被动。后来美团关停美团优选部分绩效较低地区的业务，同样显示了认知的作用。因为当时的市场环境已经发生变化，美团率先占据了全国主要省市的市场，建立了先入优势，接下来则是要精细化经营，集中发展经营效益高的区域的业务，持续优化社区团购业务的各个环节，降本增效，逐步走向盈利。

从兴盛优选和十荟团的对比也可以进一步阐释管理团队认知的重要性。兴盛优选在 2021 年初的融资规模是十荟团的 4 倍，但是兴盛优选选择了有克制的扩张，而十荟团选择了在全国范围内疯狂扩张，扩张规模大约是兴盛优选的 1 倍。一个资金少、融资能力弱的企业还比资金多、融资能力更强的企业在消耗资金方面更加疯狂，其最终业务收缩可以说是早已注定的，这并不是简单地消耗资本的问题。

另外，在 2021 年 1 月前后，兴盛优选筹集 30 亿美元融资的时候，很多投资机构讨论过一个问题：为什么兴盛优选能够几乎凭一己之力打造了社区团购的模型？得出的一致答案是兴盛优选的管理团队认知远超其他创业团队。这一点从兴盛优选在 2018～2021 年没有快速全国扩张，2021 年初拼命募集 30 亿美元就能看出来，美团这种万亿级规模、被投资机构奉为典范的公司在 2021 年 4 月定增融资 70 亿美元，初创企业兴盛优选能够比美团早半年左右就开始认识到资金的重要性问题，而且成功融到了较大规模的资金，这种认知的超前、时机的把握远超一般公司。

所以，资本不是单独发挥作用的，与认知有极大的关系。只有拥有足够超前的认知才能融到资金、用好资金，一切行为都是认知的结果。

3.4.3　参与方的决策水平、资源和影响力

企业在决策时需要考虑的因素不胜枚举，如各方的利益、当前的业务处境、人员水平、历史路径等。受到多重因素的干扰，决策者可能会对现实妥协，如果不能很好地坚持为核心目标服务、坚持长期主义，很容易导致最终的决策偏离正确的轨道。多多买菜对履约问题的态度和其在夏季引入批发业务的行为是一个典型案例。

众所周知，社区团购业务短期看流量，中期看履约，履约是平台的决胜点。拼多多具有下沉市场的流量优势，其主站流量和社区团购的目标客户群体高度重合，理论上应当专注提高履约能力，将流量优势转化为履约优势。但是截至 2021 年上半年，其流量优势除了在转化为 GMV 时达到了比美团略高的目标，几乎没有转化成其他的任何竞争优势。在 2021 年初，多多买菜整治过部分区域的履约问题，但又因为自身组织能力、夏季生鲜和水饮类产品的需求，以及 GMV 考

核等问题，最终选择引入批发业务，对大件货进行冲量，放弃提高履约效率来保住 GMV。最终的结果是多多买菜保住了 GMV，但是其竞争优势没有发生任何变化，白白浪费了半年的战略期。

生鲜是社区团购的重要商品，履约的重要性不言而喻，但是多多买菜却为了短期目标做出了一个短视的决策——对酒水等大件货进行冲量，这就是企业的决策没有保持纯粹性，不能聚焦到核心目标、长期目标上，只顾短期利益导致的，损害了其长期利益。与美团相比，多多买菜在决策纯粹性、关注核心问题和坚持长期主义上存在着明显的差距。

参与者的资源和影响力也是影响社区团购竞争局势的又一关键因素。巨头拥有全国的资源，如美团的外卖商，拼多多的供应商和流量，阿里巴巴的供应商、驿站和零售通门店等。淘宝、支付宝的流量能够支撑起十荟团在部分城市的一般规模，拼多多的流量优势更是让十荟团和兴盛优选望尘莫及。兴盛优选等初创企业在全国范围内没有能和巨头比肩的资源及影响力，所以只能选择从发家地区带着当地的合作伙伴出省开拓市场，但这些合作伙伴在省外地区拥有的资源和影响力有限，大多成为依靠平台赚取中介费的一方，也未能为这些初创企业提供更多的竞争优势。

3.4.4　参与方的组织能力和人员素质

互联网巨头之所以能够在较短的时间内打造出万人团队，还能在很大程度上保持原有的企业文化、行为规范，是因为总部有足够的控制力。一个初创企业在一年时间里招聘一万人，仅仅从头开始对新人提供简单的培训就会消耗企业不少的精力，让这些员工各司其职、有条不紊地分工协作更是极度困难的事情。兴盛优选、十荟团、橙心优选（北京）科技发展有限公司（简称橙心优选）等企业在人员组织方面基本处于半失控状态，具体表现在内部腐败和刷单问题上，但各平台之间的问题程度不同，这就反映出了各企业组织能力的差异，并且初创企业的组织能力和控制力与已经拥有完善管理培训制度、更多组织控制经验的互联网巨头是没办法相提并论的。

另外，企业的组织能力在企业决策的纯粹性上也能体现出来，如上文提到的多多买菜在夏季刷酒水等大件货冲量的问题，因为组织内部战略目标的不统一，导致决策没法从管理层原样传递到贯彻执行的一线员工，决策的执行在中间环节出现变形。

不仅企业的组织能力会影响到其竞争力，参与方的人员素质也是一个很重要的影响因素。兴盛优选、十荟团等企业总监及以上级别的中高层管理者的水平大致与阿里巴巴 P8、P9 级别的员工相当，也就是说，他们在初创企业中担任着的职位关乎企业的前途命运，但与他们同样水平的人才在互联网巨头中往往只能处于一个细分领域的岗位。换言之，互联网巨头的中高层人员素质普遍要比其他社区团购创业公司的高出很多。而且兴盛优选、十荟团的优秀中层员工基本被巨头用高薪聘请到巨头公司。除了中高层人员素质的差异，基层人员的素质也很重要，如果基层人员的约束力和执行力不强，就会导致企业的战略达不到预期的效果，很容易出现雷声大雨点小的现象。高层人员水平决定了企业的认知发展方向与上限，中基层人员的水平决定了决策的具体执行程度与下限，因此，人员素质的重要作用不可忽视。

第4章　社区团购的供应

4.1　社区团购供应链

供应链是指在生产及流通过程中，涉及产品或服务提供给最终用户所形成的网链结构；供应链管理是指对供应链涉及的全部活动进行计划、组织、协调与控制。具体地，社区团购模式的供应链主要是指货品从供应方转移到销售方再到需求方，集信息流、物流、资金流为一体的功能网链结构。相比于传统电商，社区团购的商品品类繁多，各个品类对供应链的要求有所不同，特别是社区团购商品品类中的生鲜农产品，因为其易变质等特点，需要供应链具有更快的响应速度，因此，社区团购对供应链管理的要求更高。高效的供应链往往是围绕着成本、效率和体验来设计流程，具体表现为追求更高品质的商品、更实惠的价格、更优的交付效率与服务，以及与供应商之间更融洽的供需关系。

4.1.1　社区团购供应链的交付效率与路径

相较于传统零售和电商，社区团购的供应链有着更优的交付效率。在社区团购供应链中，货品从供应方到销售方再到需求方的过程中涉及的主要节点是中心仓和网格仓。供应链的具体流程将在第5章社区团购的商品交付中详细阐述，在本节仅对中心仓和网格仓在供应链中的周转效率及其影响进行说明。

中心仓承担着整个供应链中收货、分拣和发货的功能，有些平台的中心仓甚至兼具存储功能。协同仓，顾名思义就是协助供应商完成商品备货、中转、调拨和退货等工作，这一模式在传统电商时代就已经出现；而在社区团购的供应链中，共享仓是中心仓的附属，扮演协同仓的角色，对中心仓的功能起补充作用。兴盛优选最早在湖南打造出了"共享仓—中心仓—网格仓"的仓配路径，后入场的互联网巨头也纷纷效仿。在社区团购市场规模迅速扩张时，共享仓可以分担中心仓的基础职能，如对于部分无法实现"日配"的供应商，其可以将商品放于共享仓内，以便于后续的灵活调拨。中心仓通过干线物流发出的货物，由网格仓承接运输到团点（自提点），如图4.1所示，这也是社区团购实现次日达配送最重要的一环。这一环节需要格外注意供应链的交付时效，因为其交付时效会直接影响到终端体验，也就是团长和消费者的到货体验，很多品质问题往往会在这一环节出现。

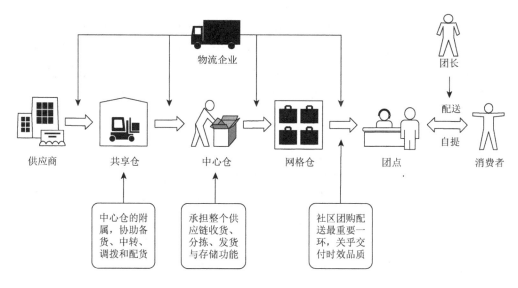

供应商　　共享仓　　中心仓　　网格仓　　团点　　消费者

物流企业

团长

配送

自提

中心仓的附属，协助备货、中转、调拨和配货

承担整个供应链收货、分拣、发货与存储功能

社区团购配送最重要一环，关乎交付时效品质

图 4.1　社区团购供应链交付路径

4.1.2　社区团购供应链的供需关系

社区团购供应链的供需关系是指社区团购供应链上各个部门之间形成的供需结构网络关系。相较于传统零售和电商，社区团购的供应链有着更优的供需关系。有些平台采用供应链体系管控整个流程，包括订单管理、供应商配送管理和质量管理等。未设立供应链部门的平台会将其职责拆分，由采购、商品运营或者中台部门来承接对应职责。同样地，在社区团购业务中，无论是否设立专职的供应链部门，职责必须有部门或岗位承担，缺少规划或负责的部门的话，就难以形成共识，不利于建立稳定的供需关系。

社区团购可以通过内部承接供应链职责来实现管理，内部承接职责需要内部的协同，包括目标拆解、策略制定、贯彻落实、全链路的复盘等。比如，"双十一"期间要创造一个新的销售纪录，这个定性目标需要流量、转化、商品和物流各个领域来承接。销量过高，物流可能不堪重负；销量过低，可能会浪费物流资源。同时，社区团购企业也应该与供应商及时沟通，因为供应商备货也需要做好规划，以防出现库存积压导致供应商亏损、出现存货不足导致错失销售良机。因此，供应链中各个部门的职责就是协调供应链参与的各方，尤其是与供应商维持更好的供需关系，最终提升整个平台的运行效率。

4.2　供应商的选择和组织

无论开展社区团购业务的是互联网平台、商超还是便利店，社区团购的基本定位和受众目标确立后，产品组成就成为业务布局的重中之重，而这有赖于供应商的选择。通过社区团购模式选出品质优良的产品，并通过谈判获得优惠的价格，是社区团购平台的核心竞争力之一。在平台层面上，社区团购的组货在不同的发展阶段存在着不同的侧重点。

第一阶段是开城阶段，对于平台最重要的是组建供应商体系及开团。组建供应商体系最常用的方式有两种，一种是通过高薪聘请行业内部经验资源丰富的采购员进行选品，如部分互联网公司直接调用前期积累的相关方面专家作为采购专员；另一种是在运营当地召开供应商大会，通过宣传的方式，快速组建产品组合，第一阶段的快速组品大多通过这种方式进行。

开城阶段完成后，平台期望建立自身核心竞争壁垒，这需要吸引更具竞争力的优质供应商。而优质供应商关注的因素主要是账款周期和产品销量。就账款周期而言，各个平台账款周期通常是3～7天，供应商对新进入市场的平台会要求更短的账期，对有品牌背书的巨头可以适当放宽周期；另一个关键因素是产品销量，通常以平台单日销量衡量。当平台单日销量达到一定数量（如50万件）时，供应商给出的产品价格会有更大的优惠空间，即销量越高，平台的议价能力越强。对于平台来说，账款周期的保障与产品销量的提高可以将区域市场内优质的供应商快速聚集，最终形成正向循环。

4.2.1　差异化竞争策略下的供应商选择

无论是追求高品质还是主打性价比，社区团购平台应当瞄准自身的目标用户进行差异化深耕，并据此选择适合的优质、低价供应商。在供应商的选择上，总部集采模式更占优势的趋势已经显现。这是由于社区团购的用户很多以家庭为单位，平台的选品应重点关注生鲜、乳制品、粮米油面和日杂等家庭需求商品；而家电等耐用商品销售低迷的主要原因是不符合社区团购模式本身的属性。在销售类目里，以饮料、乳品等为代表的快消品在GMV中占比最大，对于这部分商品，由于一线品牌的掌控，在供应商的选择上面，平台总部可以设立一个集采的部门，负责和品牌方进行合作，同时担任在区域层面的实力生鲜供应商（称为"一批"），以获得物美价廉的商品供应。例如，阿里巴巴通过成立"阿里数农"［阿里巴巴数字农业（山东）有限公司］专攻生鲜板块。平台除了可以优先考虑直接从一线品牌总部集采的模式外，还可以考虑和当地有实力的生鲜供应商合作，或者与有价格优势的二批、三批甚至倒货供应商合作来供应这些长尾商品。

前面探讨了如何完成产品组建的基本过程，然而要想具备差异化的竞争优势或者获得更多的厂商资源，则需要社区团购企业更多地投入，下面提供两个行业内的案例以供借鉴。

案例一：萌生社区团购雏形的"你我您"。

"你我您"萌发于全国十大水果批发市场之一，对水果领域的销售非常熟悉。早在 2011 年，"你我您"团队就已经利用 QQ 群来销售水果，通过和邮政报刊亭合作进行商品配送；2016 年 9 月，"你我您"社区率先在湖南长沙成立，标志着其正式进军社区团购市场；2017 年 9 月，经过一年的沉淀与发展，"你我您"的月销售额已达到 900 万元左右。

"你我您"能在短时间内迅速占领市场、赢得顾客的青睐，最重要的竞争力来源于水果品类。"你我您"通过基地直采，每天直接将商品从基地运送至长沙，而其他平台则是在红星市场采购，进行再加工并分发。另外，"你我您"自建水果加工仓，将每份销售出去的水果都标记好分拣工人的编号。如果用户投诉，"你我您"可以追溯商品源头和分拣流程，从而辨明是货源的问题还是分拣的问题。这份对水果的热爱和对水果品质的高要求，让"你我您"在当时建立了整个行业的竞争壁垒，口碑迅速提升，线下门店的生意开始向线上转化，小区团长的单月水果销售额最高纪录突破 15 万元。

这个打造商品供给体系的经典案例可以载入社区团购发展史。由商品价值规律可知，商品价格始终是围绕商品价值波动的，但是有时候企业迫于竞争压力不得不降低商品价格，然而受到成本等的限制，如果商品价格全面长时间维持较低的水平，会使商品的原有品质（价值）不可避免地受到影响。因此，长期的激烈竞争使"你我您"与十荟团合并，但合并后的企业仍然受到行业激烈竞争的影响，无法维持成本等要素，产品品质有所下降，导致口碑下降。

案例二：拼多多主站和多多买菜对水果的投入与竞争策略。

拼多多的平台定位和补贴对象是下沉市场，尤其是价格敏感的人群。在供应商的选择上，拼多多的农副产品和家居用品等都是直接从基地或者厂家采购，所以产品价格在市场上更具有竞争力。

另外，拼多多采用"薄利多销"战略，商家即使降低商品售价，仍有一定的利润空间，可以通过较大的销售规模来获得"多销"的利润。对于标准产品，如工厂制造产品，拼多多利用自身消费者规模，通过商品定制的方式控制成本；对于农副产品，拼多多始终坚持实施"农产品上行"原则，即将农产品主要销往城市，以提高产地农民的整体收入，最终获得产地的"销售权"。对于营销策略，拼多多采用"百亿补贴"的方式对爆款农产品进行定向补贴。在主站的战略和思路建立起来后，多多买菜水果商品的经营策略变得简单、直接——以极致低价为核心，不追求更高的品质。如此，社区团购受众中占相当比例的价格敏感型用户会慢慢转化成为多多买菜的忠实用户。

综上所述，在供应链打造一盘货、是否追求商品品质及确定产品价格的问题上，平台要根据自己的定位，坚定地满足目标客户群体的需求。但是这条路径的实施颇具挑战，需要平台具备良好的取舍能力和笃定的意志。

4.2.2　社区团购供应商的生存现状

需要指出的是，并不是参与社区团购的供应商都能实现盈利。在 2020 年社区团购发展高歌猛进的时候，许多传统渠道的供应商和供应链初创公司相继加入赛道，甚至有不少公司获得了风险投资。但到 2022 年，社区团购的供应商生存现状堪忧，多数供应商出现亏损状况，只有少数头部供应商经营状况良好。下面介绍两个供应商的失败案例和一个供应商的成功案例，以期取长补短。

A 公司是一家主营休闲食品板块的供应商，目前已经入驻其所在地的多个大型社区团购平台，对比其一天在各平台的销售量，最高的平台日销量可达 250 万～300 万件。在该平台上，休闲食品品类的商品大约 50 万件，占据其总销量的 20%，且每天开展 10～15 个"万人团""秒杀"等促销活动。该公司一年的营业额达到了 5000 万元左右，但却最终净亏损约 100 万元。无论是从排期资源、平台选择还是营业额的角度来看，该公司的表现均可圈可点，但仍然亏损的原因在于其大部分营收来源于几个流通性较强的畅销商品（如槟榔），而且该供应商缺乏自己的选品能力，不懂得打造爆款，所以很难孵化出既有盈利能力又畅销的商品。

B 是一家供应链公司，在 2020 年获得了一笔投资并招募了一批社区团购运营人员，且在上游采购端得到了品牌方的资源支持，具有较强的渠道拿货能力。除去后端仓储和配送人员，整个团队规模大概为 60 人，单月营业额可以达到 1200 万～1500 万元，但经营一年此公司净亏损 500 万元。B 公司不仅拥有整齐专业的团队，也拥有上游品牌方的资源支持，而且还准备通过社区团购孵化其专属品牌，但依然亏损。究其原因，主要在于公司起步规模过大，固定成本较高，且在经营低毛利的快消品的同时没能及时降低可变成本，导致难以盈利。综上，该公司在起步阶段没有控制好成本的投入，很难通过社区团购孵化出新的品牌来实现持续盈利。

市场竞争从蓝海变成红海后，竞争越发激烈，有未能在竞争中盈利的公司，当然也会有在竞争中脱颖而出的企业。

供应商 C 的老板是"倒货"出身，擅长整合资源，除了销售流通快的商品外还兼顾打造应季爆品，如冬天的木炭和棉被。公司确定 SKU 后，会与厂家签订批量合同，同时与平台方保持良好的合作关系。如此，既有流量品可以帮助其冲业绩，也有利润品可以帮助其提毛利。经过一年的经营，该公司在只有五个业务型员工的情况下却实现了超过 100 万元的净利润。当然，除了这种能捕捉平台精准需求的供应商，各个平台核心类目的核心供应商的盈利能力也毋庸置疑，如蔬菜核心供应商、水果核心供应商等。

4.2.3　供应商供货能力和采购成本的平衡

社区团购平台和供应商都不希望出现缺货。对于供应商而言，一旦出现缺货情况，其可能会面临平台的处罚，如罚款。然而，在平台选择合作供应商的过程中，不匹配的问题难以避免。因此，社区团购平台在选择供应商时，既要考虑供应商的供货能力，又要兼顾供应商的采购成本，这就导致最终其往往会和销售渠道更多的供应商进行合作。例如，社区团购平台当天要卖 1000 份黄瓜，供应商接到平台的需求之后，不论能否售空，首先需要准备 1000 份；如果最终销量不佳，供应商没有其他的销售渠道，就不得不承担相应损失。社区团购平台的实际销量低于对供应商的供给数量的时候，供应商会处于较为被动的状态。总的来说，社区团购平台和供应商之间既是一种博弈，也是一种双向的磨合。

阿里巴巴的案例为平衡供应商的供货能力（如产品种类、产品质量）、采购成本、采购规模提供了一种优秀的模式借鉴。第一，阿里巴巴采取提前入仓的措施，特别是对于标品。提前入仓是指在商品没有卖出去之前，货物被提前放进仓库，减少前置分拣和送货的时间，以解决分拣不及时导致的履约推迟的问题。第二，阿里巴巴严格把控入仓货量。商品前置入仓要求企业对入仓货量有精准的把控和调节措施。比如，提前与供应商协调好，进仓 1000 件红牛或 500 件矿泉水，销路不畅时可以再退还给供应商。第三，水果蔬菜类产品在收货时前置一些时间，避免出现在短时间采购不到需要的量或者难以控制采购成本的问题。综上，平台对供应商的基础定位和选择决定了后续社区团购业务开展的顺利程度，如阿里巴巴对供应商的定位和选择更为精准，所以其社区团购业务成绩斐然。

4.3　拼团商品的选择和组织

本节围绕三个方面展开：①适合社区团购的商品；②零售企业如何组织这些商品；③拓展拼团商品来源的渠道。

4.3.1　商品结构

商品结构是指在特定场景下，满足消费者一站式购物需求的商品组合。例如，顾客想迅速解决午餐，需要一个面包、一个茶叶蛋和一瓶矿泉水。如果一家超市同时拥有这三样商品，那么这家超市的商品结构就能满足顾客的一站式购物需求。

从消费者购买和使用商品的习惯来看，商品可以分为即时性消费品和计划性消费品。简单来说，顾客在购买后会马上消费掉的商品称为即时性消费品。比如，顾客到便利店购买了一瓶矿泉水，不久后就开启瓶盖饮用。还有一些商品，顾客在购买后并不会立刻消费完毕，而是储存在家里慢慢消耗，按照计划进行消费，如洗衣液、米面粮油等，这类商品被称为计划性消费品。

满足顾客消费需求的商品结构大致分为三类。

（1）即时性消费商品结构：主要满足顾客即吃即用的需求，产品以小包装为主。由于消费者对这类商品的需求比较急迫，购物场所必须非常接近消费者，这构成了便利店的常规零售场景。

（2）短计划消费商品结构：主要满足顾客以周为采购周期的商品组合，如米面粮油、家清日化等，这构成了超市的典型零售场景。这些商品通常不是顾客迫切需要的，次日送达完全可以满足消费者的需求；但这部分商品体积大、货值低，快递包裹配送的交付成本较高，所以相对不适合快递电商经营。

（3）长计划消费商品结构：主要满足顾客以月为采购周期的商品组合，如服饰、箱包、化妆品和 3C［计算机（computer）、通信（communication）和消费电子产品（consumer electronics）三类电子产品］等，在线下构成了百货店的典型零售场景，在线上即京东、阿里巴巴等快递电商的主营业务。

这三种消费习惯的形成取决于当下的社会条件和经济条件，是顾客对金钱和时间成本反复计算、反复"用脚投票"的结果。有很多巨头在尝试搭建这三种商品结构之外的商品结构，如阿里巴巴、京东、永辉超市等，但尚未形成可供行业参考的样板。

商品结构决定了流量成本。例如，好市多（Costco）在上海刚开业，就有大量消费者前往排队消费。其门店火爆的主要原因不在于广告营销，而在于好市多的商品结构设置合理，不仅能够满足家庭一站式采购的消费需求，而且商品物美价廉，所以吸引众多消费者主动前往。主动流量大，流量成本就能够变低了。当前，一些社区团购公司需要分给团长 10%的利润才能打开商品的销路，原因在于SKU 太少，没有形成合理的商品结构，对消费者的吸引力有限，主动流量小，就会造成流量成本居高不下。

　　不同商品结构销售的线上化程度也不同。即时性消费商品结构因顾客需求急迫，只有即时送达才能满足顾客的需求，但是国内便利店的客单价大约在十几元钱，而即时配送商品的配送成本大概在十元，高昂的配送费用与较低的商品价格使顾客选择到店消费而不是线上下单。长计划消费商品结构的线上化，已经由电商巨头完成。

　　社区团购更偏重超市零售业务的线上化。目前社区团购开展的业务，很多是把短计划消费商品结构线上化，或者说是将超市业务线上化。超市的商品组织也需要兼顾到店顾客的即时性消费，所以超市的商品结构基本囊括了便利店的商品结构，而便利店商品结构中的很大一部分是社区团购难以替代的即时性消费品。因此，社区团购的选品逻辑是要去掉便利店包含的商品结构，即当地的超市商品结构减去便利店商品结构的相差品类集合。

4.3.2　商品选择

　　商品选择需要考虑商品结构、配送成本和流通速率三个方面。

　　首先是商品结构，三种商品结构分别对应的是即用品、慢用品和耐用品。即用品通常是即买即用的商品，顾客的购买习惯是一次只购买对应一次使用的量，比如说一位顾客口渴，他走进便利店只会买一瓶矿泉水，即使两瓶八折，一般也不会再多买一瓶。顾客对慢用品的购物特点是一次购买多次使用的量，比如说顾客购买油盐酱醋一般要放在家里使用一个月，用几十次。如果商品价格优惠，顾客倾向于增加这类商品的购买量，可以存放在家里慢慢使用。这种购买行为通常称为家庭囤货，也是社区团购重要的消费场景之一。

　　顾客对耐用品的购物行为特征则是在一次购买后长期使用。比如，电视机、电冰箱等，顾客一般都是购买一次后使用很多年。这种产品不具备囤货的属性，即使价格下降，消费者的购买量也不会大幅提升。连锁便利店刚刚开展社区团购业务时，经常在商品选择问题上犯错误，便利店的采购团队对计划性消费商品结构不熟悉，仍旧沿用线下模式销售即时用品，这就导致了商品销量难以提升。

　　其次，除了商品结构外，商品选择还需要考虑的一个因素是配送成本，即评估消费者能否乐意负担商品快递费用。这里用一个指标——交付费比来衡量配送成本，消费者是否愿意接受快递模式可以用该指标来反映。

$$交付费比 = \frac{交付成本}{订单金额} \tag{4.1}$$

　　京东、天猫主营的商品，如衣服、箱包、化妆品、3C、图书等，通过快递配送，都能实现较低的交付费比。比如，一件衣服标价 500 元，从浙江发往全国大部分地区，如果快递费为 5 元，则交付费比仅为 1%。通俗来讲，这些交付比较低的商品就是负担得起快递费的商品。

相比之下，超市主营的商品体积大、重量大、货值低，快递运输费用高昂。超市的客单价大概为 50～100 元，客单重量超过 2 千克，而且商品的形状大多不规则。如果使用快递运输，快递费为 10～20 元，即交付费比超过 10%，大多数的顾客不会为了 50 元的商品额外支付 10～20 元的快递费。通俗来讲，超市的这类高交付费比的商品就是快递费成本高的商品。对于那些负担得起快递费的商品销售，京东、天猫等电商企业已经深耕多年，所以当实体零售企业的社区团购业务在此方面作为后入者并不能获取优势时，其选品应聚焦于交付费比高的商品。

最后，在流通速率方面，相较于线下门店的销售模式，社区团购从现售转变为预售，从慢速流转转变为快速流转。在这个过程中，保质期比较短或者门店存放损耗比较高的商品，通过预售模式可以有效地减少商品损耗，从而解决"卖不掉就要扔掉"的问题。对于保质期较短的烘焙类商品，如果供应商不承担处理退货事宜的责任，供货价还可以优惠 15%，显著降低了成本，因此，短保质期、高损耗的商品较为适合社区团购模式。另外，在线下流通速度较慢的商品，通过预售模式，可以大量节约门店库存和损耗等成本。例如，燕麦制品在卖场的销售周期大约为 3 个月，所以若要获得平均利润，零售毛利必须要设定在 50%～60%；而如果采用预售模式，流通速度加快，成本得以节省，降价空间就比较大。

门店可以根据商品流通速度将在售商品分成 A、B、C 三类，A 类商品大概一个星期周转一次，B 类商品大概一个月周转一次，C 类商品大概两个月以上周转一次。多次实践表明，B、C 类商品拼团的效果优于 A 类商品。零售企业往往会依靠经验与直觉判断，将线下销量好的商品搬到线上，同样会十分畅销。然而现实中用 A 类商品开展社区团购反而由于销量提升困难而经常亏损。当然，B、C 类商品拼团畅销的前提条件仍然是按照预售的模式来开展业务。

4.3.3　商品采购

社区团购的商品采购成本较低，这主要得益于预售模式和分账结算。社区团购的优势在于平台可以出售自己暂时没有的商品，即卖"期货"。为了充分发挥这种优势，业务必须坚持先卖后采的预售原则。标准的社区团购业务采购流程分为四步。第一步，供货商向零售商提报商品库存、价格和图片；第二步，零售商在线上预售，在预售结束后汇总订单并向供货商正式采购；第三步，供货商将商品运送到零售商分拣仓；第四步，零售商向供货商结算账款。

社区团购的供货价格往往较低。如果从供货商角度看，其向连锁零售企业供货的价格，通常要比向夫妻店供货的价格高出十几个百分点。这是因为夫妻店通常采用现金结算，而连锁店除了不用现金结算、拥有账期外，还要考虑进店费、促销费用、退货等成本。采用现金结算的社区团购业务则不存在这些成本，因为在零售商向供货商采购时，消费者已经将货款支付给零售商，可以采用现金采购的方式。而现金采购的采购价格比账期采购的采购价格一般要低十几个百分点。零售商的采购流程应当适应线下账期采购变为团购现金采购的这种变化，不能套用线下既有的流程。

目前，主流的第三方支付平台都开通了分账功能，实现了线上现金自动结算，这极大地降低了社区团购业务的交易成本，实现了多方共赢。以微信支付的分账功能为例，某供应商供应某商品的供货价为 8 元，零售商的零售毛利为 2 元，故以 10 元的价格卖给顾客，在社区团购业务中，顾客使用微信支付的方式付款时，所支付的 10 元会被微信支付自动分成两个部分：货款部分 8 元与零售毛利部分 2 元，前者直接进入供应商的微信支付账户，后者直接进入零售商的微信支付账户。同时，零售商无须担心供应商收到钱之后不送货的问题，因为资金进入供应商账户后处于冻结状态，供应商只能看见，但不能提现。当供应商将货物配送给零售企业且零售企业确认无误，并在后台操作进行资金解冻时，供应商才可以取款。如果顾客需要在资金解冻之前退款，零售企业可以直接操作将顾客支付的款项原路退还。

综上，分账的优点如下。①分账能够有效激发供应商的积极性。社区团购销售的是供应商的库存，供应商的配合程度决定了拼团的销量。开通分账后，供应商能提前看到资金进账，积极性会有大幅提升，可以报出更低的供货价格。②分账可以有效降低零售企业的内部管理成本。在线下，零售企业给供应商结算货款需要采购核对、财务确认、供应商开具发票、财务打款等过程，流程和手续较为烦琐，线上采用分账模式则可以省略这些步骤。③分账可以有效减轻税费负担。分账模式下，供应商无须向零售企业开发票，零售企业按照零售毛利向供应商开具服务费发票，并且，服务费发票的税费负担低于贸易类发票的税费负担。

4.3.4　选品战略

社区团购的选品过程通过组织拼团选品会完成。社区团购业务的商品组织主要有两个目标：第一，供货价要低；第二，商品种类要丰富。根据目前连锁零售企业社区团购业务的具体实践情况，组织选品会是同时实现这两个目标的有效途径。选品会至关重要，这是由于选品会的结果几乎决定了开展拼团业务的销售业绩，其组织步骤如下。

1. 会前筹备阶段

（1）零售商内部要统一思想。要坚持从供应商处采购参与拼团业务的商品，并避免依靠自采产品。这是由于自采商品主要供门店销售，毛利普遍较高，而零售价格在拼团业务中缺乏竞争力。

（2）要制定合理的供应商战略。供应商战略是社区团购业务的基石，账期则是供应商战略的核心点。一方面，需要保证一周以内结款的较短账期，减轻供应商的资金周转压力；另一方面，需要保证账期的明确，平台应公平地对待所有供应商。确定账期后，不论供应商的规模与合作时间如何，平台都应按照约定的账期结账。供应商可以享受确定的账期结算的便利，这有利于零售商与更多的供应商达成合作关系。除账期外，平台还要确定报品规则、配送规则等。

（3）平台要进行充分的宣传和发动。宣传的主要目标是让供应商知晓开选品会的消息和零售企业即将开展拼团业务的需求，并向给拼团业务供货的供应商说明账期情况，吸引供应商来参与并达成合作。但仅依靠电商部门的力量很难发动供应商，公司其他部门和外部合作伙伴都要一起广泛参与宣传和动员。

（4）要确定好开会时间。比如，选品会通常在每周初召开，用来确定下周参与社区团购的商品。每周开会的时间应固定下来且不轻易更改，以便供应商能够合理安排时间。若周二下午举行选品会，当天晚上就应当将选品结果通知供应商，从而使其能够利用周三到周日较为充裕的时间组织商品。

（5）组织合适的选品委员会。选品委员会的作用在于通过投票的方式决定选择上架销售的商品。选品委员会的委员应主要由女性组成，她们对于家庭采买决策更为熟悉；委员的年龄分布要兼顾各个年龄段；委员构成也应兼顾不同收入群体；委员会应吸纳大批团长，特别是业绩表现突出的团长；委员会的人数应在 20 人左右。

2. 会议召开过程阶段

会议召开期间的要点大致有五个部分。

（1）零售企业高管应亲临现场宣传与供应商的合作策略。供应商上台介绍商品、组织试吃试用并提报库存数量和供货价格，同时采购人员也可以代替供应商报品。

（2）电商或采购部门设定商品零售价格。定价可以参考两个常用定价标准，第一，定价要低于电商平台和其他团购平台，大幅低于线下零售价；第二，引流商品参照 5%左右的毛利定价，常规商品参照 10%左右的毛利定价，利润商品参照 15%左右的毛利定价，综合毛利要大致控制在 10%～12%。

（3）选品委员会委员进行投票。电商部门负责制作选品投票表格，表格里需要列出商品的图片和零售价。委员若同意上架销售，则在表格上打"√"；委员若不同意上架销售，则在表格内打"×"。零售企业开展社区团购建议采用"三定原则"，即供应商决定供货价，电商或采购决定零售价，选品委员会决定是否上架。

（4）电商部统计各个商品得到"√"的数量，并从多到少排列，得票多的商品优先上架。如果下周开团需要 100 个商品，则取票数排名前 100 的商品上架。

（5）选品确定后应及时向供应商通知选品结果。未选中的商品也要通知供货商，告知落选原因，并表示对它们参与下次选品会的真诚欢迎和邀请。零售企业要放下甲方的架子，积极维护和供应商之间的合作关系。拼团业务能不能顺利开展，主要取决于愿意合作的供应商数量。

3. 持续改进阶段

零售商需要与更多的供应商开展合作，确保率先参与社区团购业务的供应商有利可图，以此吸引更多的供应商来报品。保持稳定统一的政策对于零售企业至关重要，尤其要注意团结大卖场的 B、C 类商品的供应商。这是由于该类供应商负担着更大的资金压力，会更愿意向账期较短的零售商提供更低的供货价。相比之下，A 类商品供应商作为传统线下业务的既得利益者，对新场景有天然的排斥，降价空间可能就比较小。特别地，根据 ABC 分类法，A 类商品是超市或大卖场最畅销的产品，B、C 类商品依次减弱。

零售商需要持续提升选品委员会的能力。零售企业应将销售业绩和各个委员的投票结果进行比较，识别出选品准确程度高的委员，并淘汰选品准确程度低的委员。比对结果也要及时反馈给各个委员，让委员可以根据复盘结果不断反思和总结提升，改进自己的选品能力并形成爆品逻辑。企业每周组织一次选品会，开团后根据销售数据进行复盘改进。如此过程，经过两三个月，选品会的结果将会比较准确地体现在开团商品的销售数据上，而且也可以充分吸引、调动本地和周边县市的供应商。通过这种方式，零售企业每次开团都能向顾客呈现丰富、实惠、快速更新的商品结构，从而激发顾客的购物热情。

另一个改进的方向是要扩大拼团的商品来源。零售企业要想顺利开展拼团业务，必须向顾客呈现出越来越丰富的商品，因此必须不断地扩大拼团供应商数量和商品来源。零售企业可以参照以下四个方面稳步拓展拼团货源。

（1）上架与现有供应商正在合作的商品。按照预售的流程重新和供应商谈合作，把超市的 B、C 类商品上架到社区团购平台。这种方式比较适合 B、C 类商品自采比例比较低的超市，但实施此策略的难点在于供应商对于泄露底价的担心。因此，零售企业需要将线上结款和线下结款的规则差异同供应商清楚说明，消除其心理顾虑。

（2）开发和现有供应商的尚未合作的商品。连锁便利店的很多供应商同时也在向超市供货，而它们掌握着计划性消费品的货源。零售企业在执行此策略时要注意的是，供应商可能会担心参与社区团购业务会对其与超市的合作造成冲击。因此，零售企业最好从边缘化的商品开始与供应商合作，如临期商品、打折滞销品等。

（3）开发本地尚未合作的供应商。理论上，线上的销售商品数量是不受货架限制的，因此，零售企业也可以考虑和过去由于货架限制而没有合作的本地供应商合作，甚至可以考虑合作景区门票、加油卡、健身卡等服务类的商品。

（4）开发外地供应商的长周期预售商品。比如，郑州是全国性的商品集散中心，许多零售企业在郑州进行线下采购。零售企业可以与郑州的供应商取得联系并进行合作，了解清楚其库存，并直接在线上预售郑州供应商的库存商品，再根据预售销量正式订货。但这种预售方式的到货周期更长，给顾客交付的时间也会滞后一些，被称为长周期预售。即便长周期预售会有更久的顾客等待时间，影响了顾客的购物体验，但是也有相当一部分顾客愿意为了更优惠的价格而选择等待。

4.3.5　用户消费习惯

顾客用于购物的资源包括金钱和时间两种。而零售业为顾客创造的价值是帮助顾客用更少的资源完成购买计划，这一原理可以解释所有的零售现象。

一个城市的零售业发展，一般是首先出现百货商场，其次出现连锁超市，最后出现连锁便利店的历程。其背后的原因是消费者的可支配收入在伴随经济发展而增加的同时，愿意花费在购物上的时间不断减少。因此，消费者宁愿多付一些钱，也要在距离更近的场景完成购物，这就是为什么消费者可以容忍便利店的商品价格比超市的高。但是考虑到收入与时间限制，消费者通常会采用集中购买的方式，去超市或者百货店购买那些不紧急使用的商品（俞文钊等，2014）。

在一个人口不足百万人的小城市，对于零售业的结构，人们在消费进步和不断选择中形成的零售格局通常表现为：个位数的百货商场，其中每个商场服务以十万为量级的顾客；两位数的超市，其中每个超市服务以万为量级的顾客；三位数的便利店，而每个便利店服务以千为量级的顾客。

与之对应的是，一个典型顾客的购物情境包括每天光顾便利店，步行到便利店的时间约 5 分钟；每周光顾一次超市，步行到超市的时间约 15 分钟；每月光顾一次百货商场，开车到百货商场的时间约 30 分钟。

顾客急于使用、即买即用的消费行为，称为即时性消费；与之对应的是，无急用需求、按照计划采购和消费的行为，称为计划性消费。就即时性消费而言，离用户近、用户到达时间短是最关键的；对于计划性消费来说，低价格是首要考虑因素。因此，便利店降价促销对门店销售业绩帮助有限；而超市开展促销活动效果往往不错。不难想象，在便利店购物时，顾客行色匆匆，常常忽略了店里的促销海报；但在超市购物时，消费者看到促销海报的典型心理往往是既然用得上，价格划算就购买一些进行囤货。

随着顾客越来越忙，部分计划性消费转化成即时性消费。比如，顾客即使知道超市的大包装洗发水比便利店的小包装洗发水便宜，但是如果实在没有时间去超市，也会选择接受在便利店购买洗发水。目前，国内一、二线城市生活节奏加快，超市的到店客流量同比下滑 10%，而便利店的营业额却增长超过 10%。

在过去的 20 年里，中国零售业的发展主要受到两大因素的影响，一是经济的发展，二是互联网的革命。互联网与零售业的结合产生了电子商务。电商将顾客的购买行为分成了线上下单和接收快递两个阶段，对于商家而言，这产生了交付商品的成本。从电商销售商品的品类来看，交付成本较低的商品往往更早在线上销售，更早实现盈利。最早实现盈利的商品首先是网络游戏，线上就可以完成交付；其次是机票、图书等，因为此类商品快递费用比较低廉，相关平台有携程和当当；再次是衣服、包包和化妆品，因为这些商品货值高、体积小；最后是货值高、形状标准化的 3C 家电类商品。

目前，消费者在线上购买上述商品所花费的时间和精力远低于线下，线上消费能够节约资源、提升价值，因此用户愿意线上消费。但大部分的生鲜和快消品，在"线上预订 + 快递配送"的模式下，并不能显著提升用户价值，所以目前聚焦于销售生鲜和快消品的到家业务大都处于亏损状态。

在规模不大的情况下，企业运营能力能够支撑先卖后采的预售模式，截团之后，将商品运到分拣仓，再由社区团购平台收货分拣。2018 年及以前的社区团购模式正是如此，这是由于当时的体量较小，可能只有几万件商品（率先建立社区团购模式的兴盛优选在当时可能只有 50 万件左右），通过增加仓库数量的方式，还能够保证周转效率。

然而，这种模式会损害用户体验，即便在规模扩张后，如果仍只采用预售模式，虽然能勉强周转，但是用户的体验很差，此外，即使设置再多的仓库，在收货环节和分拣环节都很容易出现问题。解决问题的方法是前置商品，或者将商品提前入库。但归根结底，这还是规模的问题，当供给规模到达一定程度的时候，需求对最终销量的决定作用更强，更需要将消费者的购物体验放在首位。因此，当业务量扩张到一定规模后，可能就不能单纯地依赖预售模式。

第5章 社区团购的商品交付

5.1 商品履约

社区团购的商品交付，也称为履约，是指将货物通过网格仓配送到同城各团点（自提点）后，再由团长分发至消费者个人的交付形式，如图 5.1 所示，其主要特征是通过集中配送进一步降低物流成本。社区团购的配送时效、用户体验与到家配送模式、前置仓模式和中心化的电商模式相比，存在一定的差距，但其最大的优势在于较低的交付成本。目前，据行业统计，社区团购的交付成本约为 1 元/件，传统的快递配送为 2~3 元/件，前置仓模式的交付成本约为 6 元/件，可见社区团购在交付成本上具有显著的优势，但这种优势是在形成一定规模且团效较高的基础上才能形成，也就是团点（自提点）要具备一定的规模，每个团点的销售量或销售额要达到一定的水平。

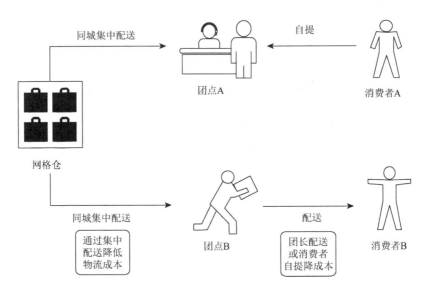

图 5.1　社区团购的交付过程

社区团购交付成本低的主要原因有三个。第一，终端的交付由团长完成，相比其他电商模式，降低了"最后一公里"的交付成本。即使团长提供送货上门的服务，也是团长出于提升经营竞争力的自发行为，不计入企业成本。第二，大部分社区团购平台采用预售模式，并且由于网格仓不具备存储功能，降低了采购成本和库存成本，使得平台能够不保留或保持少量的库存，社区团购相较于传统电商模式会更具有成本优势。第三，从商业逻辑上讲，这种集中采购、集中配送、无须负责"最后一公里"交付的模式在一定规模上是具备成本优势的。

社区团购仓配体系的发展主要经历了两个阶段。第一阶段以兴盛优选为例，运营模式包括通过共享仓来承接周转、通过中心仓来分拣配送、通过网格仓来交付终端。这一阶段实现了社区团购交付成本的迅速下降，但问题在于其他的配套设施仍处于粗糙运转的状态，如无法确定精准的交付时效、物流信息全部依靠社群逐级传达。这些问题给团长的工作带来很大的困难，也为用户体验埋下隐患。第二阶段发生在互联网巨头进入社区团购业务后，通过投入大量的资金和资源来升级整个仓配系统。目前头部平台既能独立实现仓配链条功能的标准化，还能保证链条效率最优化，通过将加工、包装、分拣整合于一体并收归自营，在平台内部形成业务流程的闭环。

同时，相较于供应商自行加工供货，平台集约化操作的工作效率更高，通过改造交付端，达到了降本增效的目的。从全链路仓配的交付链条来看，社区团购仓配交付链条经过了"供应商—共享仓—中心仓—网格仓—团长—消费者"的流程，中间各级仓库通过先集约再按不同颗粒度分配的形式将商品逐级分拣到团长手中，从而实现产能与效率的平衡。

团长是交付环节中最重要的一环，这一点可以从团长对接的社区团购用户总量直观感受。美团优选在美团 APP 的首页占据了重要的版面，将 4 亿平台用户引流给分布在不同地区、不同社区的团长。拼多多的主站拥有接近 8 亿用户，多多买菜以主站庞大的用户基础为依托，通过社区团购模式，快速实现将用户由电商消费者转化为生鲜产品消费者，成功构建了其生鲜业务的多种服务模式。团长始终是社区团购中距离消费者最近的一方，始终是完成交付的最后一道环节。

然而团长这个环节是最不可控的。平台对团长缺乏强有力的管控方式，所以很难实现团长服务的标准化，只能通过调整和运营来提升"团长配送到消费者"的用户交付体验。而团长仍然愿意提供增值服务的底层逻辑在于，团长获得的收入足以覆盖他们提供更高质量服务的成本。所以，对于存在公域流量导入的平台，可以引导团长开通送货上门的服务，并为其持续导入更多流量转变为私域流量，使团长从流量中获得更多收益。这种情况下，团长通常会更愿意承担"最后一公里"的交付服务和其他相关的客户服务。

最后是物流成本问题。与传统电商的配送方式相比，理论上社区团购的配送模式确实能降低单件的成本，但前提是需要有一定的规模及团效。如果规模或者团效低，会导致物流成本占比较高，使得单件成本降低空间有限甚至不能降低。

根据 2022 年各个平台的件单价数据，件均单价在 8～10 元，如果以 9 元的件单价进行计算，在平台毛利为 15%、补贴为 2% 和佣金为 7% 的情况下，需要将交付费率压缩至 6% 及以下，且单件交付费用须降至 0.5 元/件及以下。而目前，非成熟平台的全链路交付费用在 1 元/件及以上，成熟平台的全链路交付费用在 0.8 元/件及以上，降至 0.5 元/件及以下较为困难，因此仅依靠交付端的改善来实现盈利较为困难，需要等待件单价的进一步提升。

社区团购的发展已经进入成熟阶段，未来件单价有望达到 10 元甚至 12 元，单均件数实现 4 件以上，客单价 35 元左右。如果平台毛利率为 20%，团长佣金降至 5%，中心仓加交付费率降至 10%，平台补贴降至 2%（含商品补贴及用户补贴），那么最终经营利润率（不含总部分摊）能够达到 3%，如此，在理想化的状态下，社区团购模式相比市场上其他生鲜电商模式能够具有更强的竞争力和更广的用户覆盖率，而非像其他生鲜电商只服务头腰部客户。因此，社区团购会成为价格敏感型用户及下沉市场用户欢迎的一种商业模式。

5.2　集 中 交 付

集中交付是社区团购的核心优势，同时也是社区团购企业应当遵循的重要原则。首先，从仓库到自提点要集合多个供应商的产品进行集中配送；其次，要尽可能地引导顾客自行前往自提点提货，社区团购应尽量不负责到家配送业务。社区团购通过采用"集中配送＋顾客自提"的模式，能够降低交付成本，进而降低交付费比，使得超市商品具备线上零售的价格竞争力。从物流角度来看，社区团购"从仓库配送到自提点＋顾客自提"的过程和从连锁便利店总仓到门店的配送过程是为了实现一样的目的。目前国内便利店行业配送成本基本都在 3% 以内，也就是说这个过程的交付费比大约是 3%。因此，社区团购要尽量将交付费比控制在 3% 以内，才能在该环节发挥相比便利店的成本优势。集中配送则是降低交付费比的关键，一旦在某个环节采用分散配送的模式，交付费比会立即提升。

实现集中交付，首先从仓库到自提点这一环节要集中。假设有 100 家供货商，社区团购企业一定要确保所有供货商将商品集中配送到零售商的分拣仓；零售商按照自提点进行订单分拣后，从分拣仓集中配送到各个自提点，而非由 100 家供货商分别将商品送往各个自提点。其次从自提点到顾客这一环节，最好是由顾客亲自到自提点取货，或者鼓励团长为顾客提供上门送货服务。企业不宜提供从自提点到顾客的配送服务的原因通常包括两个方面。第一，有送货上门需求的顾客很少，并且顾客对送货服务的支付意愿较低。因此一旦商家开通送货上门业务，则不仅需要投入大量的人力物力，而且面临订单数量过少而难以维持业务运营成本的问题。第二，顾客要求上门送货的大都是重物。例如，要求商家将 50 千克的大米在没有电梯的情况下运送到 5 层，店员负责配送工作会减少店员从事本职工作的精力。因此，由门店的员工兼职上门配送难以实现。最后也是最重要的，连锁零售企业开展社区团购业务时，要将线上物流与线下物流合并。只有将二者合并，才能确保将交付成本下降至 3%以内。

5.3　提货网络的建设

很多小规模商超、便利店在一开始开展社区团购业务时大都有自建物流的计划，但经过初步探索尝试，发现自建物流的成本过高，以目前的体量规模难以支撑，所以物流还是以外包为主。该模式通常是租赁一个物流中心，将分拣等工作外包，而管理团队由自己的员工组成。如果企业在当地的规模能够达到 400 万件/天以上，那么基于长期成本的考虑，企业可以选择自建整个物流体系。

在网购的时候，如果电商平台要求消费者只能使用一个固定的收货地址，会给消费者带来不便，社区团购也是一样。自提点离顾客使用商品的场景越近，顾客越方便。顾客经常用到的自提点至少有三类：居住地社区附近、工作单位附近、父母居住地所在社区附近。可供消费者自由选择的自提点网络是社区团购业务的基础设施，因此，开展社区团购业务的连锁零售企业要做好自提点网络的规划和建设。对于便利店，尤其是对于一个已经在城市中完成了网络化布局的连锁便利店而言，其位置布局本身就是一个天然的自提点网络。对于超市而言，一般供应范围要辐射十多个社区，但其中通常会有一两个社区离超市很近，而这一两个社区的顾客就可以到店自提。因此在业务起步阶段，应当首先服务好这一两个社区；在业务流程理顺之后，应当通过异业合作的方式再去其他社区建设自提点。

综上所述，不管是超市还是便利店，都要先立足于自己的门店，经营好门店自提点。这是由于一方面，门店作为自提点，可以通过拼团业务为线下门店带来流量；另一方面，门店直接由零售企业管理，在业务起步初期，不会轻易失去控制。当门店的社区团购交易量达到一定规模后，再去开拓社会化的自提点。

5.4　自提点的标准化管理

社区团购业务的自提点要妥善保管顾客购买的商品。而当前的商家往往会有如下错误的认知：既然顾客已经支付现金，商品已经归顾客所有，那么在自提点上就没有必要投入。这种认知错误亟须通过自提点的标准化管理来矫正。

首先，顾客看到货架上的待售商品与看到自提点的待提商品，心理感受不同。

货架上的商品是商家的，顾客只需要从里面挑选自己喜欢的商品。而自提点的商品已经由顾客买单，是顾客的财产。如果顾客的财产没有得到善待，顾客会认为自己没有得到门店足够的尊重。当前部分门店直接把顾客预订的生鲜商品堆放在门店的墙角，这种不善待顾客财产的行为会导致顾客体验不好，进而不愿再次购买。其次，一个规范的自提点，也是一则有力的宣传广告。当潜在顾客看见其他消费者提货时，良好的提货体验、规范的提货流程会让其对社区团购产生兴趣，进而可能参与进来。最后，规划好提货的位置，有利于带动门店销售业绩。类似于沃尔玛"啤酒与尿布"的例子，在提货位置附近多陈列一些容易引发顾客购买兴趣的商品，如香烟、生鲜等，能够吸引提货的顾客进行购买，将线上客流转化成线下消费能力。一般而言，拥有 1000 多个 SKU 的小型门店，每 4 位到店提货顾客将会产生一次临时购物；2000 多个 SKU 的门店由于商品更加丰富，每 3 位到店顾客将会产生一次临时购物。自提点是顾客提货必去的地方，若将自提点位设置在门店的一些动销较差的死角，可以将死角变成活角，进而提高门店销售。

对于便利店，尤其是寸土寸金的一、二线城市连锁便利店，开展社区团购业务遇到的困难之一是门店面积小，导致没有足够的空间来设置自提点位。其实在业务起步阶段，零售企业可以采取一些过渡性做法。比如，当线上订单超过线下订单的 20%之后，可以规划将线下的一些商品下架，留出足够的提货空间，这是因为即使是运营业绩优异的便利店，也会有 20%的商品动销较差，而很多偏计划类的商品在线下滞销，但在线上却有着较好的销售效果。线上线下业务的融合，绝不是简单地在线上线下销售相同的东西，而是根据顾客的消费需求，将适合在线上销售的商品放到线上，适合线下销售的商品放到门店。

对于超市，常规的做法是将自提点和客户服务中心设置在一起。自提点需要有明显的 LOGO 展示，货品陈列应当整洁，顾客核销过程应当严格规范，并由店员辅助和指导顾客完成提货过程。由于低温冷冻商品是社区团购业务的重要利润来源，如果商品出现脱冷情况，会对团购业务产生较大的负面影响。因此，自提点也应设有冰柜，以支持低温品和冻品的存放。

5.5　提货管理费

提货服务是顾客服务的重要环节，但这并不是门店工作人员既有的工作内容。对于商超、便利店，提货管理费用可以由顾客支付。如果业态规模较小，且用自己的门店作为自提点，那么提货管理费可以设定为销售金额的 0.5%，费用直接交由店长管理，由店长根据门店的实际情况安排提货服务人员、记录人员的工作量，进行费用的分配；如果业态规模较大，则可以将客户服务中心作为自提点，此时费用应交由中心主任管理，由主任安排工作和分配报酬；而社区异业（如洗衣店、夫妻店、快递站点等）合作的自提点，其提货管理费用应设定为销售额3%左右，直接交给门店经营者。

无论自己门店还是异业合作，小型零售店均为最便利的自提点，距离顾客最近，且可以在开展主业的同时兼顾提货管理工作。而到店提货的顾客也可成为门店的即时消费者。比如，将自提点设在烟酒零售店，由于妻子下单、丈夫提货的情况比较多，男性顾客去烟酒店提货时会顺便买烟、酒等。洗衣店、快递站点等虽然也可以扮演自提点的角色，但这部分流量对它们而言作用有限。

如果出现消费者不及时提货的现象，应当根据不同情况做不同处理。第一，若是产品存在问题，平台应为顾客做好售后服务。第二，若是团长的责任，平台对团长一般会采取处罚的措施。出现前几次差错时平台应组织团长培训，如果失误次数累积到一定程度后，应关闭自提点或更换团长。第三，若是由于消费者自身因素，平台应在APP或小程序中发送消息提醒顾客提货，或者可以通过团长在团长端APP中点击到货按钮向顾客发出提货提醒。

5.6　商品交付战略

互联网巨头、商超和便利店之间实现的社区团购业务交付模式存在差别。多多买菜、美团优选等互联网平台的团购业务，大多遵循"当日购买、次日送达"的模式；而连锁便利店等实体零售企业的社区团购业务则多为"某一时间段内购买，固定时间送达"。这是由于后者整体规模有限，存在潜在问题的中间环节比较多，所以基于用户体验和整体链路履约的考虑，互联网巨头更多地将商品前置入仓，从而为地方性社区团购企业留下了一定的生存空间。社区团购业务的模式能够有效解决商品端浪费的问题，实现资源的合理调度。

5.6.1　建设自提点而非开展到家业务

业务价值等于顾客获得的价值减去企业付出的成本的差值。对于零售企业而言，开展到家服务需要为此付出较高的成本。例如，便利店开展的到家业务，顾客获得的价值是节约5分钟的到店往返时间，商家配送成本在10元左右，消费者会承担部分配送成本，绝大部分的顾客会选择到店消费，因为相对于5分钟而言，10元的成本价值更高；超市开展的到家业务，顾客获得的价值是节约30分钟的往返时间，商家与消费者共同支付10元的配送费用。但是顾客往往会在超市购买一些计划商品，所以顾客通常会选择在空闲时段进行到店消费。因此，目前国内很多超市、便利店的到家业务大多业务价值较低，处于亏损状态。

5.6.2　缺货问题的潜在原因

社区团购供应链的链路非常长，参与者及分工包括：供应商供应商品、团长代销商品、消费者购买商品、物流方配送商品。平台在各个参与者之间发挥中介作用，将各方联系在一起。

根据供应环节的不同，造成缺货的原因将在以下节点发生。一是平台节点，由于平台与供应商沟通不及时，没有与供应商尽快确定商品库存数量，而造成缺货。二是供应商节点，供应商预估的可供应数量偏低，无法满足消费者的需求量，或供应商预计可供应数量高于实际可提供数量，而造成缺货。三是网格仓节点，在网格仓收货验货的过程中，生鲜产品存在大量相似名称，如山东黄瓜与水果黄瓜，可能导致网格仓错误接收产品，就会造成销售产品的缺货情况。以上只是众多缺货因素中的主要原因，出现缺货的情况不可避免，但开展社区团购业务的企业可以通过技术、资本与人力投入尽可能减少缺货情况的出现。

第6章 社区团购的流量

6.1 概 述

流量，在互联网中泛指在一定时间内打开主站或 APP 的人气访问量、用户行为转化量。目前常用用户访问指标、网站流量统计指标等对主站的流量效果进行评价，具体包括独立访问者数量、重复访问者数量、页面浏览数、每个访问者的页面浏览数和日均用户（daily average user，DAU）。在这些指标中最重要的是独立访问者数量、页面浏览数及 DAU，用户行为指标则主要包括日均点击量（daily average click，DAC）、月均点击量（monthly average click，MAC）和年均点击量（annual average click，AAC）等。

人口红利消失、市场环境供过于求、顾客购物行为的变化导致商家获客成本的提升、品牌流量的分散及用户忠诚度不高等问题。2018 年，各平台有效用户的获客成本已上涨至平均 600 元/人。而 2022 年中国互联网络信息中心发布的《第 49 次中国互联网络发展状况统计报告》显示，目前我国网民规模已经达到10.32 亿人，手机端上网比例达 99.7%。如何以低成本将网民转换为有效用户以获得流量是当前企业应该思索的重要问题。

不难发现，依靠人口规模的流量红利已然消失，而十余年前提出的以用户为中心的 SIVA 理论[①]正在被一步步验证，随着用户消费需求的悄然变化，粗放式广告投放开始向精细化营销转变，企业也开始追求客户终生价值（customer lifetime value，CLV）的管理，私域流量管理服务红利正在释放。也正因如此，在移动互联网普及和私域流量管理服务红利释放的背景下，社区团购作为基于微信生态重构人与人关联的一种零售新业态，其获客成本相对较低，并在很大程度上凭借该原因成为各大品牌竞相投资的重要赛道。

私域流量是由公域流量衍生出的概念，是指企业品牌自带、可重复触达、可持续营销的用户群体。与公域流量不同，私域流量无须付费即可在任意时间、高频次、直接触达用户。微商的运营模式即是典型的私域流量运营，同样，社区团购利用微信等公共平台运营管理用户，基于公共平台构建私域流量池，从而实现低成本高频次的客户触达。

---

① SIVA 理论：解决方案（solutions）、信息（information）、价值（value）和途径（access）。

2020年，腾讯提出了"全真互联网"概念，即线下实体店与互联网运营融合。京东等公司同样开始宣传无界零售，强调线上与线下边界的消失。虽然各行各业对私域流量运营的理解存在差异，私域载体与渠道也会持续变化，但私域流量运营的内核始终如一，即缩短触达用户的距离，给予用户可能需要的商品和服务，促成交易并实现精准二次营销。

社区团购平台以团长为载体获取流量。分销模式与地推模式的实施均期望吸引更多的团长加盟，通过培训使团长熟练掌握在微信创建群聊、吸引顾客、销售商品的技巧，平台则是商品和服务的供给方。在"以便利店为主、宝妈为辅"的团长群体中，宝妈团长在私域流量的获取及运营上具有的优势与便利店门店位置的优越性两者相辅相成。社区团购业务私域流量的获取主要通过微信群聊，而创建与维护群聊同样需要一定的技巧，如群名称的拟定、群主头像的选取，以及保持推送内容对群成员吸引力的技巧，都需要平台与团长不断思考。群聊创建后进一步吸引顾客的模式有很多。地推，即在小区内摆摊或上门发名片等来推广业务，是主流的推广模式。团长也可以利用转发介绍、完成激励任务等方式快速增加群内用户数量。

流量的获取与留存对流量的长期运营尤为重要。2020年社区团购大战初期，各平台通过强有力的激励手段刺激团长获取更多流量，短期内流量取得较大增幅；但从长远来看，社区团购平台还要关注流量的留存状况。在社群的运营过程中，团长提供的基础服务包括按时推广商品、接送与清点货物、做好售后服务。如果想获得更高的客户转化率和更多的私域流量，则需要对社群用户进行精细化运营，良好、积极的微信群聊的氛围同样十分重要。因此，如何提高群成员的活跃度也是团长与社区团购平台需要关注的事项。例如，某社区团购平台发起用户晒单有奖励的活动，刺激群成员提高活跃度，对流量转化起到了显著的积极作用。

流量是一切线上零售业态的基础条件。社区团购业务的流量有两个基本评价指标：流量规模和流量活跃度。对社区团购业务来说，群聊顾客数量即为流量规模；打开群聊查看团长发布拼团信息的人数占比则是流量活跃度。假设某零售企业有20个顾客群，每个群有500人，该零售企业的顾客规模是1万人。若每天有1000人打开零售企业的群聊查看社区团购的拼团信息，则流量活跃度是10%。由于打开群聊的人数难以统计，可用打开拼团小程序的人数/微信群总人数来描述流量活跃度。

6.2 流 量 规 模

社区团购平台通过公域和私域两大途径来获取流量。其中，互联网巨头通过主站（公域）导流和团长拉新（私域）等方式获取流量，商超、便利店等连锁零售企业主要从私域获取流量。

"内容＋用户分层＋工具"三者合一是私域流量运营成功的关键。私域流量是社区团购平台流量的重要组成部分,而公域流量仍是社区团购平台流量的核心。截至 2021 年 12 月 31 日,美团交易用户数为 6.9 亿人,比上年同期的 5.1 亿增长35.3%。2021 年,在美团每位交易用户平均每年的交易笔数为 35.8 笔,比 2020 年的 28.1 笔增长 27.4%。在主站内最醒目的位置,美团 APP 给予美团优选强曝光,持续对社区团购商品进行千人千面的曝光展示,在为美团优选注入强大流量的同时,也为用户提供了次日达的便捷实物电商服务。

在拼多多方面,截至 2021 年底,其年活跃买家数达 8.687 亿人,同比增长 10%,单季新增约 140 万人;2021 年第四季度,拼多多 APP 平均月活跃用户数为 7.334 亿人,同比增长 2%。拼多多的主站同样为多多买菜设置醒目的中心化流量入口,同时在首页弹窗上也以优惠券营销的形式全面宣推、强力引流到多多买菜。不同于美团的是,从用户重叠度来看,社区团购业务主要为价格敏感型用户提供生鲜及日用品,而这部分用户也正是拼多多的核心用户,因此,多多买菜的用户忠诚度相对较高。虽然多多买菜的口碑和品质并不突出,但为价格敏感型用户提供了更具性价比的选择方案。

由私域和公域共同组成的流量是开展社区团购业务的关键,因此,在市场竞争中,没有公域流量或私域流量加持的平台都会在竞争中处于劣势。公域流量的用户特征与社区团购业务的目标客群重叠度更高的平台将在转化率方面建立独特优势。而在流量获取方式上,互联网巨头和商超、连锁便利店有所不同。

互联网巨头获取流量的优势之一是拥有自己的公域流量。但不同互联网主营业务与其社区团购平台的用户匹配度存在一定的差异,其中拼多多和多多买菜的用户特征较为匹配,因此能够在下沉市场做得最好。如果说多多买菜与拼多多的用户匹配度可以达到 80%,那么美团优选与美团的用户匹配度可能可以达到 60%,而淘宝买菜和淘宝的用户匹配度可能就只有 30%,这取决于主站的主营业务和社区团购的业务相似性以及覆盖的用户群体的重叠度。

由于没有自己的流量池,商超、连锁便利店获客的难度相对较大,只能单纯依靠线下拉新,而将新人拉入群后的流量运营同样颇具挑战。在流量运营方面,互联网巨头相比于商超、连锁便利店也具有显著优势。例如,即便顾客某日并无在多多买菜的下单计划,但仍有可能参与拼多多平台的"砍一刀"等营销活动,尤其是 45～60 岁年龄的消费群体,而淘宝和美团也存在类似场景。互联网巨头通过丰富的用户转化活动,在维系顾客关系方面形成了较强的便利性和优势。

对于商超、连锁便利店而言,群聊顾客数量与日均到店客流量的比值是判断零售企业流量规模的关键指标。一般而言,如果顾客去大卖场购物的频率是两三周一次,那么去超市的频率可能是一周一次,去便利店的频率则是两三天一次。除了总量达标外,单个门店的达标情况也需要得到重视,即在参与社区团购业务门店的顾客群聊中，群成员数要达到日均到店顾客数的3～5倍，从而保证供应商的出货规模、门店拼团业务的盈利能力以及供应商和门店持续发展拼团业务的积极性。邀请到店顾客加入微信群是商超、便利店获取流量的基本方法，进群后可以享受专属优惠是提升顾客进群积极性的有效手段。

6.3　流量活跃度

扩大流量规模的最终目的是保证足够的流量活跃度，活跃的顾客才是真正有效的流量。提升流量活跃度的主要方法是在顾客群内销售刚需低价的商品，其目的在于以发福利的形式养成顾客的群内购物的习惯，业内称之为培养顾客。拉新的基础逻辑是进群可以立即享受优惠，而培养顾客的基础逻辑则是在群里可以持续享受优惠。

对于实体零售企业的拼团业务来说，培养顾客是必要的过程。为了培养顾客在微信群购物的习惯，培养顾客的商品需要是期货，即顾客在线上下单后，再到门店去提货，且培养顾客与拉新的商品也应是老品。老品通常需要满足以下三个特征：一是实用性，商品在日常生活中极其常用且不可或缺，顾客一看到商品就知道家里能用上；二是实惠性，即商品价格具有明显的吸引力，顾客一看到价格就知道便宜；三是不违和，即商品通过社区团购微信群销售不会使顾客感到违和。商品违和就是该商品在社区团购企业以微信群出售的方式使得顾客感到忧虑、不敢下单，这本质上是顾客缺乏信任的表现。假设某零售企业门店平时不销售冻品，而在拼团销售冻品时，顾客出于担心商品脱冷变质等原因而审慎购买。如果微信群中的拼团商品是门店本身的畅销品类，顾客大概率不会有相应顾虑。

培养顾客的商品不宜选择客单价过低的商品，考虑到自提时间成本，较低的商品价值可能打消顾客的购买意愿。当商品种类丰富后可适当增加部分低价引流商品，而关键在于商品应具有实用性、实惠性、不违和的特征。同时，培养顾客还要把握优惠商品的投放节奏，培养顾客的目标是满足顾客"群内不断有优惠"的预期，保持群内每天都有若干优惠商品能够满足顾客的优惠预期；若零售企业的商品组织力有限，可以隔天组织一期优惠活动或者每周组织两期优惠活动；至少要保证每周一期优惠活动，每期活动有两三个优惠商品。

6.4　流　量　运　营

社区团购的用户群体大都对价格敏感且品牌忠诚度不高。由于商品单品利润较低，团长自主运营的核心在于提升商品的销售量。平台需要关注的指标是团效，即成交件数与自提点数量之比，而不仅仅是交易规模。社区团购企业通过微信群销售商品，应当把微信群看作门店，而不仅仅是销售渠道，门店出现问题需要更换店长，同样地，微信群出现问题应该更换群主，应当避免运营不当导致群里顾客流失的情况。社区团购的流量运营可以采取平台统一运营与团长自主运营相结合的方式，其核心有以下两点。

（1）对发送标准化与非标准化信息进行分工。标准化的信息主要由总部统一发送，如开团商品信息、统一的客服回复、预告通知等；非标准化的信息主要由团长也即群聊运营者发送，如给客户的私信、个性化的服务提示等。应逐步增加标准化信息的占比，并将标准化的信息收归总部统一发送，在降低团长工作量的同时，提升信息触达顾客的效率。

（2）建立合理的团长选拔和淘汰机制。较多接触顾客、熟知顾客需求的一线门店销售人员是团长的最佳候选人。团长要竞争上岗，在试用期间授予一个微信群的运营资格，可以享受胸前佩戴"线上服务专员"标识和上班期间可以查看手机的权利，并获得销售业绩3%左右的佣金。在试用一段时间后，应取消表现欠佳团长对微信群的管理权限，交由表现优秀的团长继续经营。在线下，不论店长的能力如何出众，一个人也只能管理一家门店；而在线上，优秀的社区团购团长可以同时兼顾十余个微信群聊。在业务开展一段时间后，可以根据二八法则，由排名前20%的团长管理所有的微信群聊，每人运营五个群聊，商品销量会产生立竿见影的提升效果。零售企业的团长应以内部员工为主，必要时可以补充一些社会团长，如宝妈、社区夫妻店老板等，参与线上销售和用户服务。

社会团长可以分为以下几类。①只负责销售商品，不负责提货。这类团长只负责在微信群里销售商品，顾客下单的时候选择自提点并前往提货。这类团长又分成两类，一类是利用自营微信群和本地人际关系网络，与零售企业合作卖货；另一类是零售企业将建好的微信群外包给团长运营。这类团长在自提点数量较少时，作用有限，但如果形成了覆盖全城的自提点网络，那么所有的居民都可以成为团长。②只负责接货提货，不负责销售商品，常见类型包括快递驿站等部分社区小业态所有者。此类团长可以利用自有物理空间与零售企业合作开展自提点业务，顾客在快递驿站收寄件的同时或下单后完成提货。③既负责销售商品，又负责接货提货。这类团长对佣金的预期是最高的。

在流量运营中，企业还要注意方式方法，不断提升认知水平，充分站在顾客的角度考虑问题。以顾客微信购物考虑的重要因素安全感为例，在数百名消费者的密切关注下，微信群为顾客监督商家提供了非常有效的环境。一个顾客的投诉，势必会引起群里其他顾客的连锁反应，最严重的后果就是消费者大面积退群。通过群众监督解决购物安全是消费者敢于在微信群聊参与社区团购、安心消费的重要原因。

微信群聊的多人监督环境导致了以下两个独有现象。①预售。顾客在收货之前支付现金给商家。在线下零售的购物场景中，顾客与商家一手交钱一手交货；在电商平台的购物场景中，因为有平台作为第三方担保，顾客在收到货后才会确认付款；而在微信群里中，无论在支付前或支付后顾客的权益都能够得到保障，因此，才敢在收货前支付现金。②秒赔。顾客不满意并发起退款后，商家立刻退还款项。因为在熟人社区内顾客会互相监督，因此，机制运行已久，并未出现由于顾客恶意退款而造成商家重大损失的现象，这是因为在熟人社区内顾客也会互相监督。上述两种现象在线下零售与线上电商购物的场景中没有出现，而最早诞生于社区团购微信群。因此，开展社区团购业务的企业应当充分利用这一红利，不轻易脱离群聊交易这个场景，不盲目投入大量资金开发 APP。

6.5　落地实践及工作阶段

对于实体零售企业而言，社区团购业务是一项系统工程，没有"毕其功于一役"的捷径，必须分阶段、步步为营地实施。一般来说，连锁零售企业开展社区团购业务分为四个阶段：第一阶段是流量获取阶段，俗称为拉新阶段，重点是解决顾客规模的问题；第二阶段是流量运营阶段，即培养顾客阶段，重点是提升顾客活跃度；第三阶段是卖老品阶段，重点是提升交易规模；第四阶段是育新品阶段，重点是提升盈利能力。

6.5.1　第一阶段：流量获取

前述提到，社区团购企业通过公域和私域两种途径获取流量。互联网巨头获取流量的方式包括从主站导入公域流量和团长拉新私域流量等，商超和便利店只能从私域获取流量。

以往连锁零售企业开展社区团购业务时会利用地推团队来吸引新顾客加入微信群聊，但是后期用户留存率和复购率较低。吸引新顾客的另外一种方法则是通过团长拉新，团长的私域群聊便于维护与消费者的关系，能够以较低的成本持续进行私域营销。虽然团长拉新的客户整体规模低于专业地推团队和服务商，但其用户留存率高且获客成本较低。举例而言，如果地推团队一天可以吸引 10 万个新用户进入微信群聊，留存率可能只有 5%，最终留下的有效用户只有 5000 个；如果团长可以吸引 2 万个新用户进入微信群聊，但留存率可能为 50%，能够留下 1 万个有效用户。

拉新方式的选择主要取决于商家或平台的重点需求。此外，企业与地推团队或蛋糕店等异业部门的合作效果不一定好，因为店主和社区团购企业的利益出发点不一致，客户群体差异性较大。如果使异业联盟店主担任团长，才可能有动力会将他的用户转化为平台的用户，否则其动力较小，不会为了短期的利益而持续投入。

连锁零售企业需要一次性拉到一定规模的忠实顾客，使得销量能支撑起供应商的最低起送量，并通过销量激励参与社区团购的门店继续经营社区团购业务。假设某连锁零售企业有 300 家门店，考虑到物流配送能力，第一期计划 100 家门店参与拼团，这 100 家门店的日均到店总人数是 2 万人，则应通过一周左右的时间集中拉新，将顾客总规模提升至 5 万人左右，同时每家门店的顾客规模都应达到日均到店客流量的 2～3 倍。此后，其余 200 家门店在参与社区团购前，也要完成集中拉新。微信群中的到店顾客是连锁零售企业开展社区团购业务最重要的流量来源，这是由于此类顾客居住地距离门店较近，在线下与商家交易的过程中产生一定的信任基础。

另外，连锁零售企业要注意明确微信群的归属问题。通过团长拉新方式组建的微信群聊属于零售企业，企业有权变更群主和群聊运营人员。在技术实现上，可由企业的微信账号作为各门店拼团微信群聊的群主。

拉新工作主要在门店执行，因此，零售企业要为门店拟定一套完整的拉新方案。作为衡量拉新方案有效性的指标，转化率等于进群人数与到店人数的比值，在转化率大于 50%后才能保证拉新效率。拉新方案需要包括以下方面。①拉新商品。确定的拉新商品首先是大部分家庭都需要且使用频率较高的刚需商品；其次是 10 元甚至 5 元以下的物美价廉商品，减少顾客购买决策时间；再次要方便携带，不会因为运输困难而放弃购买；最后必须是现货，可以现场取走商品。②物料，指张贴或摆放在门店现场、烘托拉新氛围、引导顾客参与拉新活动的海报和易拉宝等。③说辞，指门店店员向顾客介绍拉新活动的促销话语。④统计和考核。包括利用企业微信、电子优惠券等统计功能检验拉新效果，以及一些针对执行人员的奖惩措施等。

除了在门店拉新之外，社区团购企业或团长还可前往门店周边的居民社区拉新。尤其需要注意的是，拉新工作应在短时间内集中完成，速度较慢则不利于营造群内的购物氛围。总之，要想做好拉新工作，顾客规模、密度即单店顾客数、拉新速度三者缺一不可。

拉新环节的常见问题有以下几点。①零售企业仅下达任务，而不为门店赋能。很多零售企业只是简单地给门店设置一个拉新目标，之后就开始考核，并未向门店提供资源支持。门店为了完成任务，拉入重复、不活跃的顾客进群，这会对未来的运营带来阻碍。因此，零售企业总部一定要给门店拟定一套完整的拉新方案，指导门店执行。②忽视密度。参与社区团购的每个门店顾客量都应达标，单个门店顾客量不达标会产生一系列连锁反应。如果某一个门店的顾客量不够，未来这个门店的拼团销售额大概率不高，拼团为门店带来的到店客流量也会较少，物流部门为这个门店配送拼团商品的成本必然会比较高，门店持续做拼团业务的积极性也会遭受打击。③顾客总量不达标。顾客量不够就贸然开团，会导致商品销量低，供应商参与社区团购的意愿不高。

6.5.2　第二阶段：流量运营

拉新后不培养顾客就直接开团销售，是零售企业普遍存在的问题。一个忌讳就是在新建群顾客还未对商家产生信任的情况下贸然开团。零售企业直接按照常规毛利销售商品，很可能会导致大量潜在消费者的流失，因此，需要先通过优惠活动培养顾客的消费习惯。在微信群建立的一段时间内，企业可以通过在群里发布刚需低价商品的拼团信息，使顾客养成及时查看群聊的习惯；顾客在低价购得刚需品后，会对群聊产生信任，进而养成购买习惯。培养顾客的目标是提升和稳固顾客活跃度，顾客活跃度应大于15%，如平台企业在500人的群聊中发送一条购物链接，至少有75人打开，该群聊活跃度才算合格。

从平台运营的公域流量角度看，企业可以通过发放优惠券、折扣券，开展秒杀活动，设置一些品牌日（如良品铺子品牌日、安徽壹度便利店的囤货节）、"618""双十一"类的大型促销日等运营手段，来维系顾客关系、提升复购率；从团长经营的私域流量角度来说，可以通过在微信群中投放机器人助手，或者激励活动来留存客户。

6.5.3　第三阶段：卖老品

如前所述，老品具有实用性、实惠性和不违和三个特征，即顾客一看见商品就知道自己家里用得上、顾客一看见价格就知道便宜、顾客在商家的线上平台购买该商品不觉得违和。假设某便利店线下门店面包卖得很好，但是不卖牛肉，顾客在该便利店的线上平台购买面包时会觉得不违和，但是看到牛肉时会觉得违和。原因在于商家线上与线下销售商品的品类差别较大，顾客不信任与商家销售的品类差别较大商品（如牛肉）的品质。

需要注意的是，老品并不绝对等同于线下正在售卖的商品，而是不与线下商品品类产生较大反差的商品。比如，线下便利店一般不销售预制菜，但是线上的标品用户在看到预制菜时也不会觉得违和，因为预制菜会在一些特定的门店里面进行销售，如粮米油面店。不具备以上三个特征的商品则称为新品。

只要老品价格足够低，顾客就会购买。该阶段的主要任务并非追求盈利规模，零售企业要把预售流程完全梳理清楚，发挥出预售成本低的优势，并降低毛利率。伴随着销售规模扩大，零售企业在与供应商合作中将掌握更大的话语权，更容易通过降低成本来提高利润。在扩大销售规模的同时，连锁零售企业还会获得一大批忠实客户，这些客户就是开展下一步工作的基础。

6.5.4　第四阶段：育新品

具备培育新品的能力是一个零售场景持续盈利的关键。培育新品必须建立在拥有一定规模的忠诚顾客群体基础上，所以育新品应该放在最后一步。依靠忠实顾客群体基础、依托现有的零售场景并解决顾客认知的问题，是培育新品的关键。在自提点开展试吃试用活动，是使得顾客接触、尝试新品的有效方法，因为自提点是老顾客密度较高的聚集地，在此推广新品能够基于客户的信任基础，更加高效地宣传新品。新品培育的初期，必须配套相应的价格优惠活动，减少顾客尝试的成本。

在社区团购的场景下，培育新品的最大优势在于全程数字化。通过准确及时地记录客户对于优惠活动的参与情况、是否首次购买、售后情况、复购情况，零售企业容易判断出值得培育和需要果断放弃的品项，其中复购率是核心评判指标。爆品是培育的结果，而非仅依靠筛选商品实现。在社区团购场景培育的新品和爆品是社区团购盈利能力的重要保证。

按照以上四个阶段，循序渐进地开展社区团购业务，能有效减少犯错误的次数，逐步取得丰硕的销售成果。但绝大部分零售企业在实践过程中都会犯错：有的零售企业拉新工作做得不扎实，部分门店的忠实顾客群体基数较小，导致该门店订单数量少、配货成本高，且门店从拼团业务中获得的利润、流量较少，导致门店员工参与拼团工作的积极性不高；有的零售企业顾客规模不大，甚至没有经过培养忠实顾客过程，活跃的忠实顾客数量较少，导致供应商的商品销售量小，供应商由于送货成本过高放弃供货，长此以往，可能会无货可卖；有的零售企业在流量获取、流量运营、卖老品阶段，大量上架新品，导致顾客认可度和社群活跃度下降。以上三种属于冒进主义错误，在基础不牢的情况下追求过于遥远的目标。当然也有犯保守主义错误的情形，如部分零售企业在卖老品阶段小有成就，但始终没有培育新品的意识，导致自身竞争力与盈利能力的下降。

第7章　连锁零售企业的社区团购业务

7.1　连锁零售企业社区团购业务的兴起

2022年3月发布的《2021年度中国社区团购市场数据报告》显示，新兴的社区团购平台吸引了大量来自传统零售业态的流量。在社区团购的冲击下，实体零售企业业绩下滑，传统商超和便利店的生存空间不断被挤压。为应对这一趋势，传统零售企业纷纷开展社区团购业务，打通线上线下渠道，为线下门店赋能。

在中国城镇化快速推进的时代，一个商业中心几乎可以吸引全城的消费者，这也是最早的流量逻辑。例如，在万达广场中，由商场运营的电影院等大流量业态与各类型的"本地生活服务＋线下零售"形成生态闭环，构成一个完整强韧的生态系统。在这个生态系统中，入驻商户只需要向消费者提供优质的商品和服务，就能凭借良好的口碑迅速积累知名度，吸引到足够多的消费者。

事实上，大多数商超不仅依靠销售商品来获得利润，还通过出租货架、推广厂家新产品、收取条码费和收取品牌方费用等方式盈利。商超与一些大型企业构建了合作关系，在经营过程中除了向消费者提供各种商品与服务，还会满足一些合作企业的需求。比如，将收银台附近的货架租赁给合作企业供其摆放巧克力和口香糖等高毛利产品。通常来说，货架租赁价格随其所在的超市区域位置而变化，越显眼的位置租赁价格越高，越偏僻的位置租赁价格越低。这和电商商城中的商品展示逻辑类似，只不过电商可以无限扩充SKU，而传统商超的物理空间是相对有限的。

近年来，受到各种生鲜电商模式的冲击和新冠疫情的影响，大部分传统商超巨头都出现营收、利润大幅下滑的情况。CCFA发布的《2021超市业态调查快报》显示，在2021年，68.39%的企业来客数量同比下降，67.1%的企业销售额和72.2%的企业净利润均出现同比下降。目前，传统零售企业的经营环境日新月异，如何适应新形势、应对新变化，已经成为零售业中每家企业都需要思考的问题，这也是促使很多传统零售企业开始尝试社区团购业务的原因之一。

同时，传统连锁零售企业具备开展社区团购业务的天然优势：①拥有现成的线下流量，将到店顾客引导到线上即可；②自提点是现成的，如社区的连锁便利店门店，可直接用作自提点；③社区团购业务能够提高线下门店的客流量；④线下主要销售即时品，线上主要销售计划品，线上线下的商品互不冲突、彼此补充，社区团购在不影响门店业务存量的同时，有助于开拓线上业务的净增量；⑤连锁便利店开展社区团购业务，本质是抢夺当地大型超市的业绩，是进攻战；大型超市开展社区团购业务，基本不会影响到连锁便利店的业绩，只能算防守战；⑥连锁便利店已经在一些区域形成了网络优势，因此，顾客下单时可以根据自己的需要选择不同的自提点。社会团长即使没有自己的提货空间，也可以通过流量运营参与进来。就如京东社区团购联盟所说，连锁便利店本身就是其所在城市的"社区团购基础设施"。

7.2　连锁零售企业社区团购业务的探索

在零售业发达且作为社区团购发源地的湖南，大量当地传统零售企业正在尝试开展社区团购业务，大致包括连锁便利店和商超两类。

在当地的连锁便利店企业中，最早开始发展社区团购业务的是门店常常毗邻的一对竞争对手：芙蓉兴盛和蔚然锦和超市。芙蓉兴盛大概有 9000 家非强管控[①]加盟门店，蔚然锦和在巅峰时期门店数量也超过 7000 家。芙蓉兴盛在 2017 年开始推出兴盛优选，蔚然锦和紧随其后也开始开展社区团购业务——锦致生活。在门店和供应链的基础上，二者在初期取得了亮眼的销售业绩，但最终只有芙蓉兴盛坚持了下来。值得一提的是，在这段时间内，作为全国极少数实体连锁零售企业之一，芙蓉兴盛的社区团购业务始终坚持并顽强发展，其他连锁便利店、商超大都陆续关停了社区团购业务，如新佳宜也曾基于旗下强管控门店推出社区团购业务，但是在经营半年后即选择放弃。

在大型商超巨头中，线下零售品牌步步高商业连锁股份有限公司（简称步步高）在 2020 年投资成立湖南小步优鲜商业有限公司（简称小步优鲜），正式进入社区团购赛道。在成立之初，步步高将小步优鲜的目标客户定为门店三公里范围之外的小区居民，类似于兴盛优选的模式，将商品配送至距离顾客最近的自提点，与其旗下的到家平台 Better 购形成互补。基于步步高线下门店，Better 购是一种以门店为履约单位的线上业务模式，在选择送达时间后，其订单通常在 90 分钟或当日之内派送到顾客手中，主要覆盖门店三公里范围之内的消费者。步步高以小步优鲜和 Better 购组成了"即时配送＋次日达"的服务矩阵。小步优鲜前期进展不错，但是业绩增长乏力，步步高在 2021 年停止运营小步优鲜，退出了社区团购市场。

本书以湖南区域的案例，展示了当地一线传统连锁商超对社区团购业务的实

---

① 非强管控门店是指加盟商使用连锁便利店企业品牌，但是对门店内的经营不做强制性管控，包括但不限于便利店内收银、商品进销存管理和陈列等方面，而强管控门店将对如上各个方面实施一定程度的管理。

践，同期其他省份的大量企业也在不断进行类似的努力探索。2018 年 12 月，永辉超市推出永辉社区 GO 小程序；2019 年 10 月，上海大润发正式启动社区团购小程序飞牛拼团，飞牛拼团至今已入驻上海、嘉兴、无锡等城市；2021 年 12 月，武汉中百超市宣布，中百控股集团股份有限公司将通过中百邻里购、中百惠团、小森甄选等开展社区团购业务。然而，这些商超进行的众多尝试始终没有摆脱传统商超思维的束缚，未能建立起基于商超基因的社区团购模型。

几乎所有的传统零售巨头都希望或者尝试抓住社区团购的风口，然而几乎未能得以坚持，这些传统零售巨头仍在其他生鲜电商模式上开展了一些积极的探索。例如，永辉超市早在 2017 年就推出定位生鲜食材店的超级物种来对标盒马鲜生，后续又强势推出永辉 Mini 店，但由于单个社区的客流较少、订单不足，最终项目惨淡收场，究其原因主要在于社区生鲜需要达到一定的客单价才有可能获利。

除了线下传统商超自身的探索，各大电商巨头也纷纷与线下传统商超合作开展即时零售业务，如"京东到家"、美团"超市便利"等。京东在这场竞争中率先起步，凭借自身强大的供应链基因，在资源与运力上双向推进。"京东到家"成立于 2015 年，截至 2021 年第一季度，其业务范围已覆盖全国 1500 多个县区市，其核心运力"达达集团"，于 2020 年成功赴美上市。目前"京东到家"业务已实现超市便利、生鲜果蔬、医药健康等多品类的 1 小时到家配送的服务。

美团则基于其优势的外卖场景直接对接实体商超与便利店，以品类扩张作为切入点，着力经营基于地理位置履约的核心业务，凭借其天然的本地生活优势，在线下即时零售业务上游刃有余。美团的核心战略是打造细分市场的品牌布局，小象超市（原美团买菜）聚焦超一线城市，美团闪购旗下的菜大全专注于新一线以及二、三线城市，美团优选则向下沉市场发力。

阿里巴巴起步相对较晚，2020 年 6 月，阿里巴巴正式成立同城零售事业群，以菜鸟网络科技有限公司和蜂鸟（北京）科技有限公司为核心运力，依托"淘宝超级 APP"整合资源。

总之，电商巨头选择基于不同的用户场景来布局因地制宜的零售模式，无论是以缓解线上流量增长的压力还是满足不同用户群体的需求为起初目标，最终目的都是在业务场景中实现自身流量的充分融合。

在拥有团长、商品供给和履约等优势要素的情况下，为何传统商超和连锁便利店中除了兴盛优选之外没有其他平台能坚持下来并在区域内保持强有力的竞争能力呢？作为社区团购业务中最重要的生产要素之一，资金是显而易见的一个方面。但比资金更重要的，一是当下互联网用户与社区生态圈的匹配度，二是企业对社区团购业务的认知程度。这两个要素是企业社区团购业务能否长期运行的关键，也是互联网巨头得以长足发展的优势。

7.3　连锁零售企业社区团购业务的现状

在互联网巨头的参与下，社区团购赛道的竞争越发激烈，连锁零售企业开展社区团购业务的难度日益加深，机遇不如从前，且挑战越发严峻，但并不意味着其发展前景每况愈下。由于社区团购业务的复杂性和区域性等特征，连锁零售企业的社区团购业务完全可以通过采用适当的经营手段在当地取得区域性优势，从而建立起自己的业务壁垒。本章也介绍了两个成功的企业案例作为借鉴。下面首先从互联网巨头入局社区团购的原因、入局后采取的措施以及连锁零售企业需要采取的对策三个方面，依次展开对连锁零售企业社区团购业务现状的探讨。

2020 年，以阿里巴巴、京东、拼多多和美团正式入局社区团购为标志，新一场零售战争激烈打响。互联网巨头入局社区团购业务主要有以下几个原因。

（1）市场发展前景广阔。社区团购的基本形式是"预售 + 自提"，以"集中配送至自提点 + 顾客自提"的方式进行商品交付。顾客自提的形式使得原本因负担不起快递费而无法上线的商品能够在线上销售，这就好比企业原来只能在 25% 的市场中开展零售业务，现在则具备了开展剩下 75% 市场的零售业务的能力。

（2）以攻为守，维护既得利益。销售流量是这些互联网巨头利润的主要来源，流量集中才能提高流量的销售价格。各大巨头汇集了中国最主要的电商流量，因而能够轻而易举地赚到巨额资金。流量分散则会损害电商平台的盈利能力，如果大量的区域化零售企业纷纷开展线上业务，形成众多分散化的流量池，那么流量的价格必然会大幅下降，使得巨头的利益受损。

（3）巩固垄断地位。互联网巨头的社区团购业务如果成功开展，有助于其形成更大的垄断势力；如果失败或者不开展社区团购业务，其将会面临市场份额被逐步蚕食的被动局面。因此，互联网巨头对社区团购业务的布局不仅是短期获利行为，更是长期发展战略，线下连锁零售企业面临的将是长期压力。

社区团购的重要程度之高使得互联网巨头持续投入大量资金与资源，具体表现为：①在销售地组织商品，互联网巨头派出团队到销售地设仓，组织销售区域的供应商进行供货；②在销售地组织流量，互联网巨头通过与销售地的团长（微信群主）合作获取顾客；③在销售地组织网点，互联网巨头通过在销售地与夫妻店、快递点等合作，搭建自提点网络。值得注意的是，虽然互联网巨头资金雄厚且随时可以从资本市场融资，但是社区团购所销售的快消品流通规模非常庞大，任何企业都不具备长期"烧钱"的能力。另外，线上预售早已成为一种通用的零售技术，以前建设一个电商网站需要很高的资金技术门槛，但现在只需要建立微信群即可轻松快捷地在线上销售商品。上述原因也为线下连锁零售企业开展社区团购业务留下了可能性。

社区团购业务主要是销售地资源的整合。与传统电商在产地组织商品、在线上组织顾客、用快递进行交付的方式不同，社区团购的商品、顾客和交付都是在销售地区组织的，属于线下连锁零售企业最熟悉的业务场景。在巨头站稳区域市场的脚跟之前，线下零售企业有一定的成本优势。一方面，巨头平台要给予团长10%的分佣，而本地零售企业只需要给团长3%的分佣；另一方面，巨头新建的仓配体系运行成本较高，而本地连锁零售企业的仓配体系已经能实现低成本运行。

综上，线下连锁零售企业可以在如下三个方面采用针锋相对的措施来与互联网巨头抢夺关键资源：①在供应链端，积极寻求本地供应商的合作，从其仓库中进行选品，丰富社区团购销售的商品种类；②在流量端，连锁零售企业将到店顾客转化到线上，形成随时可与顾客交易的线上销售阵地，充分抓住线上与线下两种渠道推销商品；③在履约端，门店增设自提点，并适时、适当与社区合作设置自提点，建设自己的提货网络。

此外，业务处理流程上的两个注意事项如下。①在为供应商结款时使用现金代替账期。预售的特点是先向顾客收款，再以此完成采购，用现金为供应商结算有较大议价空间。互联网巨头开展社区团购业务已大量使用现金采购，如果连锁零售企业还继续采用账期结款，相比之下在进货成本方面就会存在劣势。②将线下"先采后销"的模式调整为"先销后采"的预售制，这样才能发挥出低成本的优势，进而与巨头的资本优势相抗衡。总的来说，连锁零售企业要坚决贯彻"先卖后采、快速结算"的策略。下面两家企业的成功案例也说明了这些观点。

7.4　案例一：沂水东方超市

7.4.1　基本情况

沂水是山东省临沂市的下辖县，全县人口数量在120万人左右，其中城区人口数量约为30万人，2019年全县生产总值为423亿元。沂水东方超市的门店均位于沂水县内，在城区有四个6000平方米左右的大店和四个小型便利店，在各个乡镇共有18家1000平方米左右的乡镇店。虽然沂水东方超市的基础条件一般，但是其拼团业务的业绩却非常突出，堪称县域连锁零售企业开展社区团购业务的典范。

在2020年2月的管控期间，沂水东方超市在各个小区组织代购群，管控结束后，将代购群改造为拼团群，同时上线订单兔社区团购系统，正式启动了社区团购业务。其社区团购发展前期的具体过程为：2020年4月沂水东方超市开始团购业务测试，5月拼团销售额达到81万元并快速增长，6月、7月拼团销售额激增至202万元和376万元。

7.4.2　门店观感与用户服务

沂水东方超市社区团购业务的迅速发展离不开门店对于视听观感和用户服务的着力提升。首先，注重打造仪式感。沂水东方超市门店所有过道上方都悬挂了拼团宣传海报，包含进群二维码，不仅打造了促销氛围，而且能够让顾客形成强烈的心理暗示——沂水东方超市重视且努力经营社区团购业务。商家的用心宣传有效吸引了顾客关注并参与团购业务。

其次，重视并改善用户体验。沂水东方超市所有自提点均配备专用冰柜。大量零售门店存在低温品在线上销路不畅的问题，主要原因是顾客担心商品在交付过程中会脱冷，而沂水东方超市通过给所有自提点配备专用冰柜有效消除顾客买低温品时的顾虑，创造出专业、可信赖的品牌形象，为社区团购低温品和冻品客单价的提升提供保障。

最后，重视用户触达。沂水东方超市拼团业务对下单、提货、售后等环节有明确的规则，在扎实到位的团长培训下，自提点的店员极具热情且解释清晰，极大地提升了顾客尝新和参与社区团购的意愿。

7.4.3　管理问题

沂水东方超市在开展社区团购业务时也十分重视流量管理、商品选品、商品结构、零售价格及成本管理、后台支持和管理等方面的管理问题。

（1）流量管理。沂水东方超市社区团购业务忠实顾客数量的增加主要通过门店工作人员在门店及周边区域吸引顾客进群的方式实现。通过逐步考核淘汰，沂水东方超市从超过 150 个团长中选出前 100 名，负责管理包含约十万名顾客的 300 多个微信群。沂水东方超市十分重视团长层面的仪式感和荣誉体系建设，定期举行团长表彰大会，对业绩突出的团长给予奖励和表彰。所有参与拼团业务的工作人员均使用统一的拼团业务宣传头像，而且公司以此口号动员员工更换头像："要想拼团搞得好，形象气势不能少；专属头像统一换，气质拿捏刚刚好。"

（2）商品选品。沂水东方超市每周开办一次选品会，由管理层、电商部门、企划部门的工作人员参加，采购人员在会上携带推荐商品的样品并讲解汇报，一次选品会一般会挑选出 80 种商品。沂水东方超市社区团购业务的负责人冯建宝认为，选品是影响开团业绩的关键因素。比如，之前有一次选品会结束后，团队内部人员对选品的结果不甚满意，后来的开团销量果然不甚理想。

（3）商品结构。沂水东方超市为社区团购业务确定了独特的商品结构，即线下门店的在销品占 30%左右，线下在销商品的差异化商品占 30%左右，结构差异化商品占 30% 左右，社会合作（服务类）占 10% 左右。另外，在社区团购场景下，低价销售大品牌商品要比扶持小品牌更具操作性。因此，沂水东方超市社区团购选品坚持较高比例的大品牌产品，且食品、日用品的一线品牌占比要超过 80%，上线的所有品类里都必须包括品牌商品。

（4）零售价格及成本管理。线上拼团商品的零售价一般为线下同款商品价格的 7.5 折。其运营成本包括：配送成本 1.5%、团长分佣 3%、自提点管理费 0.5% 和管理部门（电商、企划等）业绩提成 0.5%。其中，配送成本较低的原因在于供应商直接将货物集中配送到城区店，这部分运输成本不由沂水东方超市承担。

（5）后台支持和管理。电商部与企划部的合署办公，有效避免了线上和线下部门互相缺乏了解、难以沟通的问题。参与社区团购业务的常规岗位有四个，包括系统操作（操作订单兔社区团购系统管理后台、上架商品等）、文案美工、数据助理和协调管理，需要采购、物流、财务等线下部门全力配合并提供支持。

7.4.4 开团和商品交付

沂水东方超市也明确规定了开团时间、商品数量以及商品交付形式。

沂水东方超市在每周二、周四、周六开展三次团购活动，分别上架 10 种、60 种和 10 种商品。

在商品交付方面，沂水东方超市采取隔日到店提货的交货方式，即周四取周二预定的商品、周六取周四预定的商品、下周一取本周六预订的商品。与一、二线城市的顾客相比，县域的顾客对时间成本不敏感，但对价格敏感度更高；隔日交付准备商品的时间更充分，且"先卖后采"更易于实施。在这种情况下，隔日提货以顾客不太敏感的时间成本为代价，积极寻找性价比高的供货渠道，从而降低商品价格。因此，隔日提货是县域社区团购业务的一个可行选项。

但是对于一、二线城市等经济较发达地区来说，顾客时间成本高且更重视商品交付效率，因此一般需要实现次日交付。但无论是隔日达还是次日达，物流交付的准时性都对消费者的购物体验具有十分重要的影响。因此，企业需要确保采购部门、供货商、物流承运商、自提点配合紧密，繁多的流程环节更需要企业对商品准时交付高度重视。

沂水东方超市也明确制定了社区团购商品的退货制度，即生鲜商品三日未提货、标准商品七日未提货的情况下，直接为顾客办理退款，提供可靠售后服务。

7.4.5 战略思考

沂水东方超市认为，拼团业务并不复杂，能否吃透业务特点并提高销量的关键在于管理层是否有决心。此外，县域门店不具备开展直播业务的成熟条件。一方面，既缺乏主播人才也缺乏流量基数；另一方面，绝大部分的县域连锁店直接对接厂家进行选品的能力都比较薄弱。因此，社区团购，而非直播，才是县域商超需要重点发展的方向。

沂水东方超市拼团业务的成功并没有特别要素的加持，有的只是团队将社区团购业务的基础要求真正落到实处。比如，先卖后采、集中配送、自提点标准化建设、团长选任留用。沂水东方超市拼团业务通盘无妙招而步步为营，可供绝大部分连锁零售企业参考模仿，所以被称为"县域连锁拼团模范"。

另外，沂水东方超市的社区团购业务可以在以下几个方面进一步挖掘潜力。

（1）组织当地供应商库存上线，变"采购报品"为"供应商线上报品"。让顾客能"看到、买到、就近提到"当地供应商库房里的商品，是社区团购业务的要义所在。

（2）缩短结账周期，尽快实现现金采购，从而降低 10% 左右的采购成本。沂水东方超市已经实现了先卖后采的模式，但并未充分挖掘先卖后采的两大优势，即无须处理退货和现金采购价格低，沂水东方超市只实现了前者。现金采购同时也是有效激发供应商积极性，将库存报全、报准的有力武器。

（3）适当降低进货价并提升商品丰富程度，从而为进一步上调毛利率提供空间。对于连锁零售企业而言，社区团购业务的净利润率超过线下门店业务的净利润率是正常的。

7.5　案例二：爱客多超市

虽然目前国内开展社区团购业务的连锁零售企业呈现出遍地开花的趋势，但是大部分都处于探索阶段，爱客多[①]是其中比较接近体系化运营，能够稳定盈利的一家连锁零售企业。爱客多社区团购业务的盈利为社区团购运营提供了新的视角，其经验值得连锁零售业的同行参考和借鉴。

7.5.1　基本情况

爱客多位于人口约为 178 万人的山东省济宁市城区，有 80 多家门店，且全部为直营店，营业面积达 6 万平方米，员工 1500 多人。门店主要分布在社区，其中500 平方米以上的大店（爱客多）30 多家，500 平方米以下的小店（爱客天天）50 多家。

---

① 本书中"爱客多"指山东爱客多商贸有限公司。

爱客多将社区团购业务定位为 2019 年的重点业务，由采购部、电商部和企划部三个部门共同参与该业务的管理。采购部负责商品组织；企划部负责部分商品和活动的宣传内容；电商部负责业务的全过程，三个部门的负责人有专门的微信群聊作为协调沟通的渠道。此外，物流部门负责商品由仓库到门店的配送，门店负责流量运营、接货和管理顾客提货。

自爱客多于 2019 年 4 月正式上线社区团购业务以来，第一个月销售额约为460 万元；第二个月销售额约为 1200 万元；第三个月销售额约为 1000 万元；第四个月销售额约为 950 万元；第五个月销售额约为 2000 万元。整体商品的利润率为 7%～8%，其中绝大部分商品的利润率在 6%～10%，部分民生商品的利润率在5%以内（如牛奶的利润率仅为 2%），针织百货类的商品利润率会略高于 10%。

爱客多开展社区团购业务的流量成本总体为销售额的 3.5%左右，其中团长的佣金约占销售额的 3%，团长所属店长的报酬为销售额的 0.5%左右。目前绝大部分团长都是爱客多门店的工作人员。通过完全复用现有配送及分拣资源流程，爱客多节约了拼团大部分的交付成本，仓配不区分线下门店销售和线上拼团，统一从仓库配送到门店，仓库按照门店而非顾客订单进行分拣。

综合来看，爱客多线下零售的净利润率为 2%～3%，社区团购业务的净利润率为 4%左右，通过线下资源的复用实现对线下利润率的超越。

7.5.2　发展初期的探索

爱客多的社区团购业务在发展初期遇到的最大问题就是没有认识到打造高质量系统的重要性，上线五个多月内拼团小程序就更换了两次，造成了时间的浪费与顾客体验的下降。2019 年 4 月上线的小程序由于软件方运营能力不足，当入口流量较大时，经常出现系统卡顿严重、无法下单等情况，而自行开发程序面临成本较大而无法覆盖的问题，最终爱客多通过选择社区团购 IT 服务商的专业社区团购平台，解决了这个问题。另外，在发展初期，爱客多的仓配能力无法满足线上订单快速增长的需求，同时也存在线上商品丰富程度不足等问题。

针对上述三个问题，爱客多主动控制发展节奏，择机加入京东的社区团购联盟体系，借助京东的商品资源，提升线上零售商品的丰富程度，并着力提升仓配能力。2019 年 5 月之后，爱客多不再继续扩大社区团购业务的规模，将群内忠实顾客数量维持在十多万人的情况下，2019 年整体的拼团销售额却突破了 1 亿元。连锁零售企业在考虑流量获取的同时，同样也需要重视供给侧的基础建设，爱客多在这一点上采取了正确的策略。社区团购是一个新的购物场景、一个新的流量来源，更是关于供给侧的深刻改革。连锁零售企业若想做好社区团购业务，必须夯实供给侧基础，加强线上商品供货能力、配送能力和 IT 能力。

7.5.3　商品组织

爱客多的选品分成三个步骤。首先，采购部门向电商部门提报商品目录；其次，电商部门反馈意见，电商部门也可以向采购部门逆向提出选品需求，如从门店差异化（如大包装）、网红品和季节品三个视角提出选品需求；最后，电商部门决定参加拼团的商品和价格，定价参照线下爱客多门店商品价格、同行业门店商品价格、电商平台商品价格以及当地其他团购公司的商品价格，以确保上线商品相比这些渠道具备价格优势。

爱客多的采购部门分成三个部分：采购一部负责包装食品、酒水、调味品和本地生活服务；采购二部负责百货、日化、纸品和针织小电器等；采购三部，负责生鲜。本周组织下一周的开团产品时，三个部门分别向电商部门提报下一周开团的产品，每周各报 30 个商品，逢爱秒节报 40～50 个商品，逢中秋节等大节日则报 60～70 个商品。其中，每月 27 日、28 日是爱客多的爱秒节，这两天线上拼团商品更多、价格更低。对于计划在拼团上架的商品，即使供应商已经在线下供货，相关部门也会要求供应商针对社区团购业务重新报更低的价格。

爱客多的商品来源于厂家、厂家市区总代理商和线上平台（京东新通路），而不从批发市场采购，这体现了连锁零售企业在当地供应链中的优势地位。整体来看，爱客多的商品来源中，本地采购占 70%，其中本地代理商占 50%、济宁当地出产的商品占 10%、本地服务占 10%；外地采购（线上加外地厂家）占 30%。从 70% 的商品在本地采购可以看出，社区团购是一个本地化的生意。

综上，社区团购在中国是个本地化属性很强的商业模式，全国范围的社区团购公司不适应中国国情。爱客多上线社区团购业务的产品均为品牌产品，这一点不同于一般的社区团购公司，体现了连锁零售企业在商品组织方面的优势。

7.5.4　商品结构

爱客多采取了线上商品和线下商品结合的方式。

（1）根据顾客群体的购物方式与商品偏好进行分类。以零食为例，年轻的顾客偏好小包装，年长的顾客偏好大包装，于是爱客多选择在线上卖小包装零食、线下卖大包装零食。

（2）根据同品类的不同品牌销售特征进行区分。比如，其他的社区团购公司在线上销售三只松鼠的产品较多，爱客多就将三只松鼠的产品放到线下门店销售。同样的干果类品牌百草味在线上卖得较少，爱客多就用来开展线上拼团活动。

（3）线上线下允许部分商品重合，但是这些产品的线上拼团价格一定低于门店零售价，借此强化顾客"拼团就是便宜"的印象，实现线下对线上的导流。

爱客多还规定了拼团商品的 SKU 数量及结构。目前每天开团的产品约 15 个，包括四个类别。

（1）一是占 40%左右的生鲜。每次只有一到两种非标品类生鲜商品，其中一定有一种水果，但不一定每次都包含蔬菜。其余的生鲜商品为预包装（冷冻、低温、杂粮）、散称等。爱客多面向线上生鲜的供应链体系仍在建设当中，需要线下门店的支持与配合。个别品类如榴梿、山竹、车厘子和牛油果等商品在线下动销缓慢，但在线上销售态势良好。这种现象在国内都非常普遍，体现了线上和线下生鲜消费的差异。

（2）二是占 30%左右的包装食品、酒水和调味品。通常包括一种调味品、一种零食、两种酒水饮料，并在夏季会增加酒水饮料的种类。

（3）三是占 20%左右的百货。包括日化、纸品、针织、沙发垫、床垫、小电器和空调冰箱等。

（4）四是占 10%左右的本地生活服务。包括本地餐饮、娱乐、培训、门票等。目前通用的形式为自提实物券，即顾客下单后到门店领取实物券，持券到服务类商家进行消费。爱客多已经是济宁最大的本地生活分销商，甚至可以利用社区团购的模式抢占美团的市场。

此外，社区团购业务最大的特征是计划性购物。不同于即时性购物中消费者对商品交付时间的较强敏感性，计划性购物消费者对价格最为敏感。但是便利店一般组织即时性消费品的能力较强，而组织计划性消费品的能力较弱，因此，便利店开展社区团购业务需要重点提高采购部门对计划品的组织能力，以使社区团购业务能够顺利有效开展。

不同于一般意义上的社区便利店，爱客多门店的 SKU 数量高达 4000 个，其中覆盖了相当数量的计划品，因此，爱客多的采购团队在处理更多的计划品时并不会出现业务品类不熟悉的情况。而一般的连锁便利店，SKU 数量在 1000～2000 个，几乎全部是即时性消费品，这类便利店的采购团队想组织好计划品往往需要为社区团购业务组建专门的采购团队。所以，虽然爱客多的计划品组织采购能力比不上大润发和沃尔玛，但却依然实力强劲。

从爱客多的经验也可知社区团购与生鲜零售之间的关系。第一，社区团购销售的是家庭计划性消费品，但并不限于生鲜商品，所以并非没有生鲜商品就无法开展社区团购。第二，爱客多门店的生鲜品类已经比较丰富，顾客在社区门口就能买到生鲜商品，没有必要在线上重点发力。第三，部分在线下动销比较慢的生鲜，可以在线上销售从而减少店内库存。比如，榴梿、车厘子等产品在线上更畅销，其原因包括线上消费者偏年轻、消费意愿更高以及线上预售可以降低价格等方面。

7.5.5　上线商品

在确定拼团的商品和价格后，企业需要制作包括图片、文字描述、视频、订单页面等商品电子信息，这部分工作主要由六名员工构成的电商部门负责并完成。每个人的工作及岗位分工如下。

（1）部门负责人。除了管理部门事务之外，还需要负责协调电商部与其他部门。

（2）商品负责人。负责确定参与拼团的商品及商品价格。

（3）商品编排人员。把商品内容录入订单兔社区团购系统，形成可供团长转发、顾客下单的小程序页面。这个页面要先发到"爱客多社群管理小组"微信群中，确认后再正式启用。需要说明的是，爱客多社群管理小组由电商部门、采购部门和企划部门三个部门的负责人组成。

（4）文案人员。主要负责整理商品文字说明，包括产品名称、原价和秒杀价格等。

（5）图片制作人员。制作商品详情页、活动宣传图片等，同时会得到企划部门的支持配合。一部分商品图片来自网络，另一部分商品图片由员工拍摄，其余部分商品图片由采购部门提供，每天社区团购业务上线约 15 个产品，需要约 30 张图片。

（6）视频制作人员。要为有可能成为爆品和计划主推的商品制作宣传小视频，近半数的商品需要制作小视频，视频来源于淘宝、抖音和实地拍摄等。制作完成后，提交给采购部门审核，审核通过后交由团长转发至顾客群。

7.5.6　流量获取

爱客多的流量通常是通过团长基于门店以及门店周边的小区邀请消费者加入社区团购的微信群聊来获取。爱客多团长的佣金一般是销售金额的 3%，部分低毛利商品没有佣金。团长一般为由店长管理的门店员工，店长可以拿到下属团长销售金额的 0.5%。爱客多业绩最好的团长，一个月可以赚取佣金一万元以上；业绩平平的团长，一个月也能赚取佣金两三千元，基本相当于工资翻倍，所以爱客多团长的工作积极性很高。一般的社区团购公司支付团长的佣金在销售金额的 10% 以上，大部分快消品的毛利空间都无法支撑如此高昂的佣金，所以商品组织难度很大。

需要注意的是，爱客多将店员作为团长的主要原因在于，爱客多的门店面积一般在 300 平方米以上，门店的员工一般有 10 个以上，这些店员多为倒班制，有足够时间运营微信群。但是很多品牌的便利店门店只有一至两个人，门店工作繁忙，员工没有时间运营微信群。因此，这类便利店必须通过引入外部团长，将引流和提货的工作分开，团长只负责群聊运营和商品销售，门店只负责提货。团长依靠流量赚钱，门店通过组织消费者提货获取收益。如果门店的员工有能力兼顾两项工作，则获得双份收入。

爱客多会将拼团的销售额（统计口径是提货金额）纳入门店的考核指标，与门店的激励挂钩。爱客多的拼团系统中流量统计、提货统计是相互独立的，即顾客下单的时候可以选择提货的门店。由于顾客提货时，需要门店配合的工作比较多，因此提货的利益会兼顾店内的所有人。

爱客多下一步的流量扩展计划为：①深化老团长带新团长的策略，建立老团长与新团长的利益关联机制；②伴随仓配、商品的基础能力提升，逐步招募社会团长，社会团长只负责运营微信群聊，不负责提货。社会团长首先从爱客多员工的亲属朋友开始招募，爱客多员工可以从其招募的社会团长的销售额中获得提成；③目前微信忠实顾客群体覆盖的顾客数量为十几万人，等供应链完善、商品品类丰富后，逐渐吸引忠实顾客群体达到三十万人左右的数量。

7.5.7 开团情况

在开团频率和时间方面，每周除周三、周日外，其余五天每天开团。从每天中午十二点半开始，持续到晚上十点结束，中间可能会临时增加商品，如果增加商品，则一般为下午 3 点增加一个商品、下午 5 点增加一个商品。

将中午 12 点半设为拼团开始时间有以下两个方面原因。①济宁人有中午回家吃饭和午休的习惯。中午 12 点半一般是刚吃完饭的时间，大家习惯"刷"手机。②在 2019 年 4 月社区团购业务启动时，爱客多也沿用了其他团购公司晚上八点开团的习惯。但当时使用的拼团小程序不够成熟，晚上八点各家团购公司同时开团，容易造成系统卡顿，导致顾客长时间打不开下单页面，损害顾客体验。为了避免此问题，爱客多将开团时间更改为中午 12 点半，逐步培养顾客中午 12 点半团购的习惯。更换系统后解决了系统卡顿的问题，但中午 12 点半开团的习惯仍然延续。

周三、周日不开团的原因有两个。①周三是爱客多线下店的"爱客日"，门店会有优惠活动，线上社区团购业务应该避开线下的活动日，以免干扰线下销售。另外，周日济宁市民一般会休息，社区店线下客流量比较大，因此，不适合线上开团。而周六仍然有许多市民正常上班，所以可以正常开团。②爱秒节：每月 27 日、28 日是爱客多专门为线上顾客设定的优惠购物节，每天开团四场，团购商品约 20 个。其中，前三场每场持续三小时，分别从 7 点、11 点、15 点开始，每场产品均不同；第四场从 19 点开始，将前三场热卖商品返场销售。

爱客多的开团节奏充分利用了顾客"以后用得上，现在买便宜"的心态，因此容易形成集中的订单。由于这种消费心态，社区团购的销售情况呈现出了计划类商品销售的典型特征，即销售量会在促销活动中大幅提高。线下综合超市销售计划品也利用了顾客的这种心态，所以超市热衷于举办各种购物节、店庆活动等。相比之下，在便利店业态中商品打折促销的效果就不明显。这是因为便利店更多满足的是消费者的即时性需求，快速获得商品是消费者的核心诉求，为此甚至会产生更高的支付意愿，哪怕商品贵一点消费者也可以接受，所以便利店的商品价格一般比超市要高。而便利店开办储值卡业务的效果往往不错，因为顾客在便利店办卡的心态往往是"反正经常来，办卡便宜点"。

社区团购业务的绩效往往会因为门店位置的不同而表现出差异。在居民购物不便的社区，如城市新区，开展社区团购业务的效果往往比较好。爱客多明德花园店，是一个 300 平方米的社区店，有 9 名员工和约 4000 个 SKU，地处城市新区，附近居民购物不便，同时对社区团购业务接受度高的年轻人较多。该店开展拼团业务后，日流水金额从 2 万元增加到 2.5 万元。爱客多乡镇店的社区团购业务业绩也都不错，但在零售店比较集中的社区开展社区团购业务的效果就差一些。社区团购本质是一种新的零售业态，跟其他零售业态存在竞争关系。

此外，拼团的运营效果跟店长（团长）的工作能力、拼团商品与该社区居民需求的匹配度也有关系。因此，社区团购业态成熟后，不同的社区和顾客群体会呈现出差异化的商品需求结构。

7.5.8　商品交付

在线下门店，销售和交付是一件事情，顾客在店内同时完成挑选、提货、支付等环节。在线上交易，销售和交付是两件事情。顾客下单后，商家需要专门组织交付，因而会产生交付成本，社区团购业务正是如此。爱客多结合自身情况，制定了一套独特的交付方案，以很低的成本实现了线上订单的交付。

（1）线上订单的仓配流程完全复用线下的仓配系统。供货商将货物运送到爱客多物流仓，再根据门店订单从物流仓配送到门店，而物流运营商不负责对消费者订单的分拣，保持了原有的线下仓配物流过程。

（2）顾客到店自提。大部分需要自提的商品放在秒杀商品陈列区，顾客扫描提货码提货核销；小部分商品在线下门店也有销售，这部分商品需要顾客自己寻找，而顾客在寻找这些商品的时候，会注意到拼团价格低于线下价格，进一步强化了顾客拼团购物便宜的印象。例如，某商品店内和线上均有销售，线下价格为 4.6 元/包，而拼团价格为 10 元/3 包。顾客自提模式的优点是主要的分拣动作由顾客完成，因此分拣成本较低。如果有些顾客不愿意自己寻找，可以向店员出示订单，由店员协助完成。

（3）将秒杀商品陈列区设置于店内的商品区，在顾客离店必须经过商品区和收银台时，激发提货顾客线下的即时购买需求。由于线上销售额被纳入该门店的考核，因此所有的店员都会认为社区团购业务与自己有关，从而愿意为顾客服务。

在社区团购的交付效率方面，需要注意的是，盲目追求快速交付是开展社区团购业务的一个误区。对于爱客多参与拼团的商品，顾客并不是次日到店提货，而是根据商品标注的到货时间去门店提货，往往是隔日，甚至隔两三日才提货。而生鲜和民生商品一般是次日提。业内曾有一家社区团购公司把配送频度从"次日配、天天配"改为"每周三配"后，订单数量并没有下降，但配送成本却节省一半，盈利能力在短期内得到显著提高。这是因为顾客在计划性购物时，往往对商品到手时间敏感程度低、对价格敏感程度高。

关于社区团购的交付地点的选择，社区团购交付最好在社区内进行，以节省顾客时间。爱客多的门店绝大多数在社区门口，对顾客来说，到店提货等同于到社区提货。便利店让顾客到店提货还可以在一定程度上带动门店的销售。顾客进入便利店后，可能会被激发即时消费的意愿，从而会产生对即时商品的购买行为，如购买香烟和矿泉水等。根据行业经验，平均每3~4个到店提货的顾客中，会有一个产生线下购买行为。根据爱客多董事长房淼估计，到店提货大约给门店净增加了5%的客流量。

相比之下，大卖场（超市）开展社区团购业务，要求顾客到店提货就需要非常谨慎地考虑。因为大卖场距离顾客住所往往有一段距离，顾客不愿花费较长的时间去线下提货。这个问题在一、二线城市非常突出，因此，建议综合超市开展社区团购业务时先去社区建设自提点。在中小城市，由于顾客的时间成本比较低，所以只要做到商品真正便宜，距离对消费者的负面影响将有所缓解。

第8章　中国零售史：从零售行业发展的角度论述社区团购的创新之处

中国有相应政策规范记载的商业行为可以追溯到商周时代。但是直到进入20世纪，中国才出现真正符合现代零售定义的商业管理模式。1900年，俄国人在哈尔滨设立秋林洋行，创办了中国境内的第一家百货商店；1911年，先施百货股份有限公司在广州设立分公司；1917年，中国首家自建百货大楼先施公司在上海南京路正式开业。

新中国成立后，供销合作社成为人们日常消费的主要地点以及满足生活生产需要的主要渠道。1953年至1993年是中国的"票证时代"，百货商店除了承担供应物品的功能，还发挥着均衡分配社会资源的重要职能（陈丽芬和黄雨婷，2019）。改革开放以来，尤其是进入20世纪90年代后，对外开放程度逐步扩大、经济体制改革不断深化，中国零售行业真正迎来了百花齐放、百家争鸣的发展阶段。百货、标超、大卖场、购物中心、便利店和专卖店等实体零售业态乃至电子商务、移动商务等新型零售业态在中国逐渐崛起，在逐步接轨国际领先巨头的零售运营技术和管理水平基础上，走出了具有中国特色的发展之路。尤其是在2004年12月，中国加入WTO三年后，零售业保护期结束，国营、集体、民营、外资、合资等不同所有制的零售企业在中国市场激烈竞争，经历着一轮又一轮的兴起、繁荣、衰落和转型的循环。

现代零售业自1852年诞生起，至今经历了数次结构性变革，每一次结构性变革都与特定的社会经济背景和科技创新密切相关。中国零售行业的历次创新与变革，均诞生于时代发展的大趋势下，变革于人民消费需求升级和科学技术革新的主旋律中。一方面，随着社会生产力的高速发展，大部分日常快消品的供需地位发生逆转，即由过去数千年来以生产商主导的"以产定销"转变为以下游渠道商主导的"以销定产"和自由消费，最终发展为由消费者主导的品质消费和个性化定制消费；另一方面，一大批新兴信息通信技术在商业领域得到广泛应用，以企业资源计划（enterprise resource planning，ERP）、销售时点系统（point of sale，POS）、仓库管理系统（warehouse management system，WMS）、运输管理系统（transportation management system，TMS）、客户关系管理（customer relationship management，CRM）等为代表的信息系统的引入和演进，以及移动互联网、云计算、人工智能、大数据等新技术的发展，更加速驱动了零售行业的发展进程。本章简要梳理了中国零售业近 30 年来的发展史,并在此基础上探索零售行业发展的方向和轨迹,阐述社区团购兴起的行业背景及创新价值。

8.1　中国零售行业演进史

现代零售业经历了百货、连锁和超市三次革命,这三次革命促进了实体零售形态快速发展。20 世纪 90 年代以后,互联网等新兴技术的发展催生出亚马逊(B2C)和 eBay〔C2C(consumer to consumer,顾客对顾客)〕,成为电子商务时代来临的标志;2007 年以后,在智能手机、iPad(internet portable apple device,互联网便捷式苹果设备)等移动终端的发明,以及 4G 和 5G 等新一代信息通信技术的孵化下,移动商务在东西方同时诞生。中国现代零售行业的演进过程也大致遵循了这一规律,从不同业态、模式产生的顺序来看,演进过程可以分为实体零售、电子商务和移动商务三个阶段。值得一提的是,这三个阶段并非线性顺序替代的过程,而是互相促进、互相融合、互补发展的关系。尤其是在移动商务时代已经到来的今天,线下实体零售和线上电子商务、移动商务优势互补、虚实结合,成为商业发展的主旋律。

8.1.1　实体零售

中国的现代零售业在 20 世纪 90 年代首次迎来发展的黄金十年。1990 年 12 月,中国第一家连锁超市——美佳超市在广东东莞成立;1991 年 9 月,上海联华超市在上海曲阳中心商场开业;1992 年,"7-11"进入中国,在深圳开设 5 家门店;1993 年 8 月,中国第一家仓储式商店——广客隆在广州正式营业;继 1989 年家乐福进入中国台湾市场后,1995 年,家乐福正式进入中国大陆市场,这一新兴的大卖场模式在当时获得了市场的高度认可;1996 年,可的便利店在上海诞生;1997 年,创办了中国第一家连锁超市美佳超市的东莞市糖酒集团有限公司,在广东开设了美宜佳便利店。在当时的经济发展背景下,中国现代零售业的先驱大多诞生于经济发展水平较高、与国际联系紧密的沿海一线城市,并逐渐向内陆地区扩散。1997 年后,随着零售行业的发展和社会环境的变化,市场进一步细分,各种实体零售业态,如生鲜专卖、社区超市、购物中心等,也随之出现并得到了快速的发展。

进入 21 世纪后,中国的零售业依然保持高速发展。根据中国连锁百强榜单,连锁百强企业的年度销售总额从 2000 年的 1646 亿元迅猛增长为 2010 年的 16 461 亿元,十年发展使销售额增长为原来的十倍,其中百联集团有限公司、苏宁易购集团股份有限公司、中国华润有限公司(简称华润)等企业长期名列前茅。2004 年 12 月,中国加入 WTO 后的零售业三年保护期结束,这是 21 世纪前十年间对中国现代零售业影响最为深远的关键节点。一方面，以沃尔玛、家乐福、"7-11"等为代表的国外零售巨头大举进军中国，大批本土零售企业在外资企业的剧烈冲击中倒闭或被并购；另一方面，这种竞争推动了本土零售企业在经营形态、管理手段、信息技术应用等多方面的进步和发展成熟，部分区域性零售企业开始在竞争中崛起。

2010 年后，移动商务的兴起及其与电子商务的结合对百货、超市、大卖场等实体零售业态造成了严重冲击，零供关系（零售商和供应商之间的关系）趋于紧张，冲突不断，零售商的盈利渠道受限。并且天然具备互联网基因的"90 后"、"00 后"成为消费主体，更加追求商品的个性化和多样化。一方面，传统实体零售企业走向线上，实施多渠道甚至全渠道战略；另一方面，部分实体零售企业经营惨淡，"关店潮"汹涌而至。据报道，2014 年中国百货、超市企业共关闭201 家，较上一年增加了 474%；2016 年，我国重点实体零售企业发展增速从 22.6%下降为 –0.5%。2016 年后，阿里巴巴、京东等电子商务打着"新零售""无界零售"等旗号，大举抢占线下市场，更加迫使实体零售企业在逆境中深入思考、重新定位，通过创新和转型另寻发展方向。

8.1.2　虚拟渠道

在各类实体零售企业在国内蓬勃发展的同时，实体门店之外的销售渠道逐步兴起。创建于 1993 年的"小康之家"，将当时盛行于欧美的邮购业务引入中国；1996 年，中国大陆首家专业购物电视频道"BTV 电视购物"走进大众生活；2004 年 4 月 1 日起，由上海文广新闻传媒集团和韩国 CJ 家庭购物株式会社联合组建的上海东方希杰商务有限公司开播，专注于通过购物节目销售商品；2018 年6 月 22 日，商务部发布的最后一期《2017 年中国电视购物业发展报告》，全面介绍了 2017 年我国电视购物行业的发展状况，指出了 2017 年全国获得电视购物经营许可的企业共计 34 家，总销售额为 363 亿元，电视购物会员人数突破8200 万人。

非门店销售模式减少了消费者外出购物的烦琐流程，打破了门店有限空间的束缚，有效扩展了商品品类，使消费者足不出户就可以挑选多种商品。该模式也帮助零售商节省了实体店的租金成本、装修成本以及运营成本，为消费者提供了性价比更高、种类更丰富的商品。但是这种销售模式也存在一定的弊端，因为没有实体门店，顾客无法近距离接触、感知商品，也不能确保收到的实物与商品信息的描述一致，加之资金支付风险的存在，通过邮购和电视购物产生的购买纠纷时常发生。随着移动互联网的普及，"90 后"、"00 后"成为购物的主要群体，越来越多的消费者不再有接收信件、观看电视节目等习惯，相应地，邮购、电视购物等零售方式也日渐式微。

互联网技术开启了人与人之间联系的新通道，也开辟出零售业发展和变革的新纪元。1994 年至 1995 年，亚马逊和 eBay 的创建标志着电子商务的诞生。1999 年 5 月，"8848 网站"的出现，宣告中国电子商务时代的来临，在中国，在线零售平台开始与实体零售门店争夺市场份额。作为先驱者，"8848"很快走向衰落。但随后于 1999 年 8 月诞生的易趣网、1999 年 11 月诞生的当当网、2000 年 3 月诞生的蔚蓝网、2000 年 7 月诞生的 China-Pub 网上书店、2003 年 5 月成立的淘宝网、2004 年成立的京东、2007 年成立的凡客、2008 年成立的一号店等一大批 B2C 与 C2C 电子商务企业在中国崛起，其中阿里巴巴（淘宝以及由淘宝商城改名的天猫）、京东更是逐步成长为全球最大的电子商务企业巨头之二。

全天候营业、不限区域、商品种类极其丰富、物流配送到家等诸多优势使得电子商务平台逐渐成为当今消费者特别是年轻人的购物首选。进入移动商务时代后，移动化和无钞化也逐步改变了我国消费者的生活习惯与购物偏好。2018 年后，网络零售业态超过标超，在多种零售业态中成为我国第一大零售业态。

2003 年"非典"疫情的暴发，为电子商务的发展带来新契机，以支付宝为代表的互联网支付体系形成并逐渐完善，综合性电子商务网站与行业垂直网站的运营模式趋于成熟，以阿里巴巴和京东为代表的中国电子商务在这一过程中快速成长。

2007 年，中国电子商务市场总交易额达 2.5 万亿元，相比五年前增长 13 倍；2009 年 12 月中国网民数量达 3.84 亿人，互联网覆盖率不断提高，电子商务市场交易规模保持稳定高速增长，企业的市场集中度与日俱增，企业创新与转型方兴日盛，政府的监管也日趋规范。随着智能手机、平板电脑等移动终端设备和 4G、5G 等通信技术的出现，2012 年前后中国与欧美发达国家同步进入移动商务时代。在线零售促进了包括平台、生产、物流、支付、数据金融和服务在内的全产业链的完善，成为拉动国民经济增长和促进消费升级的重要力量。实体零售和在线零售不断融合，多渠道、全渠道的概念和实践深入人心，新的零售商业模式不断涌现，搜索电商、内容电商、社交电商、视频电商与直播电商等各种零售电商形态层出不穷，行业内的竞争格局不断被打破和重构。

8.1.3　虚实结合

受信息化一站式服务商海鼎公司的支持，2007 年当时中国本土最大的便利店品牌——可的便利店在邱源昶和侯毅等高管领导下，上线可的购得佳和可的喜发发项目，开始试点运营虚拟零售和实体门店渠道结合的模式。在可的便利店零售、物流、多渠道等本土前沿实践的基础上，2007 年，海鼎公司创始人、中国科学院虚拟商务研究室主任丁玉章和研究室主任助理田歆等先后提出了"第四方物流""虚拟零售"的概念和理论。第四方物流的核心在于物流主导商业、加载虚拟结合等各类商业模式，虚拟零售的两大基本要素，一个是零售虚拟化，另一个就是虚实结合。2008 年，丁玉章和田歆等在美宜佳等项目中更进一步提出"A2A"（area to area，区域对区域）的零售模式和理论概念，指出虚实结合后的下一个阶段，要推动实现零售企业所经营的商业活动中的物流、销售、配送和消费都由全社会承担，做到全链路、全渠道经营，充分调动全社会的资源和力量。

2010 年，同样在海鼎公司的信息系统加载支持下，彼时中国本土最大的便利店品牌——美宜佳大规模开启"美宜佳生活馆"项目，将实体门店、B2C、目录购物和呼叫中心四种渠道集合于一体，有机整合，互为补充。此后，多渠道、全渠道等概念成为中国零售业发展的焦点。

实体零售和网络零售逐步由竞争关系演变为竞合（既竞争又合作）关系，实体零售进一步走向数字化，而网络零售则逐渐步入实体化，两种发展趋势同步演进，逐步走向融合。中国实体零售企业的数字化转型展示了实体零售企业对于网络零售的从认识、接受到采用的不断深化过程。这一过程大致可以分为四个阶段：初期仅将互联网作为新增的营销和推广渠道，而后自建电子商务网站及移动终端APP 以实现互联网销售，再到接入互联网第三方平台、依托虚拟渠道及资源开展多渠道销售，最后到社区零售模式立足门店提供线下服务。

在这一过程中，实体零售企业的经营模式经历了反复的探索、推翻和重塑。时至今日，实体零售企业的数字化转型探索依然在路上，但关注点已不再局限于如何开展独立的电子商务业务，而是在于利用一切与消费者的可能接触点，围绕消费者需求，开展全渠道的营销、销售和服务等活动。虚实融合、虚实相生是目前实体零售企业转型发展的关键所在。

在实体零售企业积极开展线上业务的同时，网络零售商也逐渐意识到自身在消费者购物体验方面的缺陷，并开始向线下延伸。上文所述的线下线上融合的后几个阶段，既是实体零售企业探索"触网"路径的重要尝试，也是网络零售企业"落地"实践的关键环节。网络零售商利用其流量优势和强大的物流配送能力帮助实体零售企业发展线上业务，其中京东、美团等网络企业开展的到家服务就是典型案例。与此同时，网络零售企业也通过新建、收购或改造实体门店，开展另一种在线渠道"落地"的创新探索实践，如天猫、京东等纷纷开设的各类门店。这一阶段，实体零售的数字化转型和网络零售的实体化同步演进，两者由开始的独立探索走向合作共赢，并逐步走向全渠道融合。

中国现代零售业在 20 世纪末到 21 世纪初的三十多年里，走完了国际零售业一百多年的历史进程。从最初的模仿、学习和追赶，到发展的第三个十年，中国现代零售业在新兴信息通信技术发展和海量消费需求升级中经历飞速变革，开始成为引领世界零售革命的先驱。在新的移动商务时代，中国零售业正在经历着一场颠覆性的线上线下迅速融合过程，实体零售和虚拟零售的边界日益模糊，各种新兴零售模式纷纷登上历史舞台。

8.2　社区团购缘何成为零售新模式

社区团购是实体零售与虚拟零售融合的产物，也是时代发展的大势所趋。中国老百姓的消费习惯经过菜市场专卖、社区超市、生鲜专卖等线下实体零售的初步塑造后，又经历了多年的电子商务特别是生鲜电商、社交电商、团购等线上零售模式的培育，进一步发展出对于商品的品质、价格和履约时效的更高要求。作为一种新零售模式，社区团购和前置仓、到家服务等在一众新兴零售模式中脱颖而出。

8.2.1　团购模式的分化

团购主要是指消费者联合起来，通过组团、平台或商家发起等多种组织形式，增加购买规模和总额，进而提高消费者与供应商的议价能力、追求更高的性价比的一种购物模式。团购模式改变了买卖双方的交易流程，优化了传统商品交易中的价格机制，有助于供应商实现规模效应，降低单位成本，并促使供应商提供更有吸引力的价格和更优质的服务。

中国的团购业务大约起始于 2010 年，经历了"千团大战"等系列演化和变迁后，成了当下 O2O 及多渠道等模式的主力军，深刻改变了公众的消费习惯。传统的销售模式通常从商品供给侧出发，根据市场规律以及供应链效率，通过"设计—制造—批发—零售"的流程，形成商品价格与规模的正向循环，即上游拉动下游，生产驱动消费。相反地，团购模式通过需求端影响供给端的经营思路，缩减中间环节，团购平台将消费者零散但明确的需求整合起来提供给供应商，不仅满足消费者的个性化需求，而且降低了供应商的库存成本。

新兴信息通信技术的发展使得团购模式演进出两个新的发展方向：一是针对非必需品、耐用品进行团购的直播电商；二是针对刚需品或家庭日常消耗商品的社区团购。直播电商借助主播强大的个人影响力、直播团队强大的选品能力、议价能力和供应商的多层次物流网络，汇集全国各地大量顾客群体的需求，进行集中购买；而社区团购则是通过众多的团长，召集所在地社区的部分居民，汇聚成庞大的消费力量。

8.2.2　生鲜电商的进化

随着电子商务的发展，越来越多的工业产品能够通过互联网进行有效的销售，成就了亚马逊、阿里巴巴、京东等电商巨头在各自国家的崛起，以及在全球范围内的遥遥领先。以生鲜食品为代表的农产品，始终是网络零售积极开发的商品领域。究其原因，首先，生鲜产品市场规模相当庞大。根据艾瑞咨询发布的《2021 年中国生鲜电商行业研究报告》，2020 年中国生鲜市场规模超 5 万亿元，预计 2025 年底将会达到 6.8 万亿元。其次，生鲜品类具有刚需、高频和低价三大特征，在高流量成本的背景下，其具有非常重要的引流作用。最后，目前中国生鲜市场的线上份额很低，互联网化的零售模式发展的空间和潜力极大。

与此同时，生鲜行业也是网络零售最难攻克的领域之一。这是由于生鲜商品具有物流成本高、难以标准化、价格波动大、销售季节性强、保质期短、易腐烂、损耗率高等特点，对生鲜供应链的采购、加工、配送、仓储等环节要求非常苛刻。此外，产品规模化所需的标准化生产、冷链基础设施的重资产投入，对于从业者来说也是相当大的考验（田歆等，2017b）。

早在 2013 年，在中国消费持续升级、农产品加速上行、互联网与信息通信技术快速发展的背景下，一大批创业者就开始了对于生鲜电商运营的尝试。随后，沱沱工社、本来生活、百果园、每日优鲜、叮咚买菜、盒马鲜生等陆续入局，顶峰时期全国有 4000 多家生鲜电商。2016 年后随着新零售、无界零售等概念的兴起，生鲜电商行业迎来了资本大洗牌，大量中小型生鲜电商平台倒闭或被并购。阿里巴巴、京东等互联网巨头也参与进来，不断加大在供应链特别是生鲜冷链物流基础设施建设方面的投资，并探索多种创新模式，使得生鲜电商市场重振活力（林梓，2018）。

社区团购模式源于湖南长沙，在实体零售企业的探索中诞生。社区团购模式早期并未得到创业者和资本方的重视，大部分社区团购业务只是被当作生鲜电商的一个分支。但随着兴盛优选率先跑通社区团购大规模运营的盈利模式，加之新冠疫情暴发后各大城市居家隔离的生活需求和新冠疫情管制带来的消费习惯变化，社区团购业务步入快速发展阶段。中国社区单元强大的凝聚力和购买力使得投资方对社区团购模式的观点发生了转变。

社区团购的目标客户是社区居民，目的是打通以家庭为单位的消费市场，而非从大型超市和线上生鲜平台抢夺现有的用户群体。通过减少实体门店租金、人力投入、商品损耗、订单履约费用等成本，社区团购能够有效控制整体的交易成本，从而在不提高商品价格的前提下，实现可观的利润率。2020 年开始，阿里巴巴、腾讯、美团、拼多多、滴滴、字节跳动等各大互联网巨头,以"投入不设上限"的气势进场开展社区团购业务,引起了社会的广泛关注和政府的重视。

8.2.3　社交电商的细化

在 PC(personal computer,个人电脑)互联网时代,信息存在于一个个网站上,谷歌、百度等搜索引擎通过垄断搜索入口获取流量,从而获取高额利润。进入移动互联网时代后,微信、微博、快手、抖音等社交工具改变了信息传播方式,降低了准入门槛,人与人之间的互动越来越容易,商品信息通过网络进行传播的速度相比于熟人网络口耳相传的速度更快,社交电商应运而生。根据商务部的定义,社交电商是基于人际关系网络,利用互联网社交工具,从事商品交易或服务提供的经营活动,涵盖信息展示、支付结算以及快递物流等电子商务全过程,是新型电子商务的重要表现形式之一。

社交电商最主要的特征在于采用推荐购物而非传统电商采用的搜索购物的形式,消费者通过社交网络平台或电商平台的社交功能,在购买商品或服务的过程中,能够充分考虑商品的收藏量、分享次数、评价内容、讨论热度等社交化要素。此外,社交电商还通过微信拉新、社交裂变等手段,扩大了触达用户的规模,增加了市场转化的机会,促进了交易的完成并提高了顾客的购买体验。社交电商是一种以人为中心、基于社交关系产生的电商形态,它不再以产品搜索、展示为销售模式,而是通过社交渠道使消费者与消费者之间、消费者与企业之间产生交流互动,从而激发消费者的消费欲望。如今,社交电商已经成为电子商务领域一个不可忽视的规模化、高增长的重要细分市场。

中国的社交电商起源于微商,2011 年微博的兴起带动个人销售的起步,2013 年微信推出微信支付功能,让社交平台的商业业务形成销售闭环,平台工具的进步加速了社交电商的发展过程。2014 年至 2015 年,微商大潮涌现于微信朋友圈,月销售额突破 10 亿元。但是,此时的微商模式不够规范和完善,商品、服务和物流质量均难以得到保证,商品质量、物流和欺诈问题频发,时常引发消费者的不满,这也引起国家多个部委的关注。2018 年 1 月,腾讯在微信端上线小程序功能,系统化对外开放社交流量;同年 7 月,拼多多在美国成功上市,商务部发布《社交电商经营规范》公开征求意见,社交电商迎来规范化发展阶段。2021 年 9 月,中国服务贸易协会社交电商分会发布的《2021 社交电商创新发展报告》显示,2021 年中国社交电商市场规模预计达 5.8 万亿元,同比增长 45%。

考虑到社交方式和覆盖流量类型的差异,行业内将社交电商细分为四种类型:一是以拼多多、苏宁拼购为代表的拼团型社交电商,主要凭借商品的低价特色,吸引全员参与团购、砍价消费,从而促进订单聚集;二是粉丝型社交电商,典型平台如淘宝直播、小红书、快手和抖音等，主要依赖于网红向粉丝群体推荐商品，从而提升流量转化率、完成商品销售；三是社群型社交电商，如微店、快团团等，通过整合供应链、IT 系统等资源，为社区团长、意见领袖等提供平台化支持，面向微信群开展商品销售活动；四是社区型社交电商平台，典型的诸如兴盛优选和虫妈邻里团等，围绕社区住户的个人或家庭需求，以社交关系为纽带，通过团长触达消费者并聚集流量，从而实现商品销售。

8.2.4　社区团购

2018 年起，融合了团购、生鲜电商和社交电商等概念与模式的社区团购成为零售行业的焦点，媒体、资本和大众都将其视为近年来新兴的主要零售业态。究其根因，是社区团购通过模式创新，既降低了流通成本，也增加了顾客价值，为生鲜等产品的网络化销售找到了一条切实可行的创新路径。

对于商家而言，商品状态可分为现货和期货，交付模式可分为集中交付和分散交付。因此，根据商品状态和交付模式可将目前流通形式划分为三种模式：①以线下实体门店为代表的"现货＋集中交付"；②以传统电商为代表的"预售＋分散交付"；③以社区团购为代表的"预售＋集中交付"。这三种模式所涉及的商品展示成本、配送交付成本和资金成本比较如表 8.1 所示。从表 8.1 中可见，电商零售在商品展示成本和资金成本方面都低于实体零售，但在配送交付成本方面高于实体零售。以衣服、化妆品为代表的长计划消费品，由于消费频次低、客单价高并且交付成本占比较小，传统电商比实体零售更有优势；对于以米面生鲜为代表的短计划消费品，由于消费频次高、客单价低并且交付成本占比较大，实体零售比传统电商更有优势，所以实体店依然是短计划消费品流通的绝对主力渠道；然而，相比之下，社区团购在这三个方面的成本优势又超越了实体零售和传统电商。在市场规模效应的驱使下，越来越多的商品将会涌入社区团购渠道进行流通。

表 8.1　不同零售模式成本比较

模式	商品展示成本	配送交付成本	资金成本	综合比较
实体零售	高	低	高	长计划商品高、短计划商品低
电商零售	低	高	低	短计划商品高、长计划商品低
社区团购	低	低	低	最低

在顾客价值上，不同零售模式对顾客价值增加的贡献有所区别。表 8.2 以超市到店业务为基准，比较了超市到家和社区团购两种模式下，顾客价值的变化。如表 8.2 所示，相较于超市到店模式中顾客自行到店选购商品，超市到家业务节

约了顾客的时间支出，但相应地，增加了顾客的金钱支出；而社区团购业务既节约了顾客的时间，又节约了顾客的金钱。依靠成本优势，社区团购模式使得商家可以在没有额外补贴的情况下，降低商品价格。因此，在此模式下，顾客可以用同样的资金，花更少的时间，买到更多更好的商品。此外，赢得下沉市场青睐的社区团购还可以拓展受益消费者群体，包括三、四线城市以及农村的消费者，让他们也可以通过社区团购体验到与一、二线城市同品质、同价格的消费品，进而促进消费升级。

表 8.2　零售模式顾客价值增长比较

业务	商品形态	顾客下单时间	商品交付场景	顾客时间价值	顾客金钱价值
超市到家	现货	碎片化时间	送货员完成	节约时间	增加支出
超市到店	现货	到店＋找货＋结账	顾客完成	基准	基准
社区团购	期货	碎片化时间	碎片化时间	节约时间	减少支出

8.3　社区团购模式的创新之处

自 1852 年在法国巴黎"百货"业态诞生并开启现代零售时代以来，现代零售业以百货、连锁、超市的出现为标志，经历了多次革命。零售业在消费支撑和技术进步的原始驱动下，不断用高效商业模式取代低效商业模式。1884 年，西尔斯沿着太平洋铁路，在美国创办并开启了邮购即目录购物模式，为消费者提供自由退货和货到付款服务；第一次世界大战后，由于公路建设的高速发展、汽车的普及和电冰箱的出现，1930 年全球第一家超市在美国诞生；1946 年，美国还创办了世界上第一家真正意义上的连锁便利店"7-11"；20 世纪五六十年代，沃尔玛和家乐福分别在美国与法国诞生，通过"天天低价"吸引消费者。零售业态不断更新的同时，互联网技术也在发展，并进一步推动新业态的兴起，特别是随着 1994 年网景公司推出世界上第一款商用浏览器；同年，亚马逊的创始人贝索斯开始创业，1995 年，微软的 IE 浏览器问世，亚马逊的对外服务正式开启了电子商务时代。

在现代零售业的变革演进中，零售企业基于商业基本要素为细分市场消费者提供更为高效的商业服务，这些变革贯穿了商业中的信息流、资金流和物流。社区团购是零售行业伴随移动支付和移动社交等产品的出现而兴起的一种创新零售模式，其借助新兴信息通信技术，以居民社区为单位，依托社区地理位置和团长的社交关系实现商品流通和团购销售，为社区居民提供日常所需商品和生活服务（李琪等，2020）。在这种模式下，社区团购平台作为供消费者购买商品的交易场所，对信息流、资金流和物流都进行了改造。

在传统零售中，商品的信息流通过实物呈现出来，商品只有配送到门店并且上架后才能被到店的消费者所感知。在虚拟零售中，商品信息以网页或视频中的图片、文字为载体预先被消费者了解，但这个过程通常建立在消费者有购物需求的前提下，需要消费者主动打开网站或购物类软件，甚至需要进行搜索定位后，商品信息才会被传递给消费者。而在社区团购场景中，消费者会频繁地打开微信等社交类软件，无意识地被团购信息触达，也更容易在群友的评论影响下冲动消费。

进入 21 世纪以来，零售企业在快消品等领域从"以产定销"过渡到以"渠道为王"，商品渠道在竞争中发挥重要作用，特别是在资金流的竞争优势上作用更为显著。零售商在第一时间从消费者手里获取购物资金，对大部分供应商却按账期（一般在几个月不等）而非现金结算。账期结算机制虽然保障了零售企业的现金流，但却对供应商造成了损失，因而供应商势必需要用其他方面的利益来弥补损失，如供应商一般会提高一部分商品的价格。而在社区团购模式下，平台可以使用消费者预付款项以零账期的方式从供应商处进货，从而要求供应商通过降低采购价格部分让利，在确保商品定价竞争力的同时，还不会削减供应商的利润。因此，社区团购可以创建供应商、平台和消费者三方共赢的局面。

社区团购使商品的物流配送方式发生了巨大的变化，能够有效地降低商品损耗和物流成本。相比到店的实体零售和到家的网络零售，社区团购的团点提货方式为打通商品交易"最后一公里"提供了一种平衡的可行方案。社区团购的自提点一般都在消费者的公司或住宅附近，社区居民顺路就可以到自提点取到商品，这既不会给消费者带来过大取货负担，又通过批量配送的方式降低了电商交易中"最后一公里"的高成本。

在某种程度上，社区团购是在商业物流和供应链建设不断完善的情况下，继实体零售和传统电商等模式后，对"人、货、场"商业三要素组合方式的创新探索，也是网络零售进一步向线下渗透、实现线上线下融合的一种新尝试。社区团购通过以销定采、先卖后采、集中配送、次日送达、顾客自提、团长交付以及现金采购的方式，以"预售 + 自提 + 次日达"为销售模式，通过预售机制对具有刚需、高频、易破损、易腐坏等特征的生鲜农产品和短周期计划生活快消品进行集中采购与集中配送，使得销售流量的获取成本、进货成本、运营成本、采购成本、履约交付成本和生鲜损耗等大幅降低。据统计，对于生鲜农产品和短周期生活快消品等品类，若销售相同数量的商品，其在社区团购模式下的总成本理论上可以达到实体零售模式下的70%甚至更低。

8.3.1 "预售"实现以销定采，降低产销成本

社区团购通常采取"预售"的方式，即先在微信群聊中发布商品信息并告知消费者截团时间和到货时间，由群里成员接龙购买或直接在小程序中下单。因此，平台无须提前准备现货，只要将订单汇集起来，根据截团后的总需求从供应商处订购货品即可。在"以销定采"的预售模式下，社区团购一端连接着海量用户，一端连接着上游供应商，且由消费端需求反向推动生产端供给，可以使整个供应链更具计划性。拼多多的创始人黄峥曾提出，只要消费端的计划性增强一些，供应链效率就能更高一些，产销两端都能获益。预售机能够显著优化商品的供应链管理，从而降低产销成本。

1. 以销定采控制损耗

商品耗损是影响商品价格的重要因素。对于一些保质期短的商品，如生鲜、水果等农产品来说，除了种植和运输成本外，损耗也是影响其成本和商品定价的重要因素。在实体零售先采购后销售的场景中，如大卖场、标超或生鲜专卖等，由于难以准确预测市场需求，往往有大量的库存商品无法及时售罄，生鲜损耗率达 15%甚至更高水平。而通过预售，可以在提前获取消费端需求的情况下按需订货，商品需求量的精准度远高于任何预测方法，因而能够有效避免过量采购带来的损耗。

2. 以预售实现规模采购

通常情况下，消费者最终支付的商品价格包括产品价值、品牌溢价和渠道成本。以苹果销售为例，原产地售价在 3 元/斤①左右甚至更低的苹果，在上海、北京等地的售价可能是 10 元/斤左右，渠道费用在商品价格中的占比达到 60%以上。而社区团购平台能够以多达几万单甚至数十万单的庞大确定性需求作为议价能力的基础，在向生产商订购时掌握定价话语权，通过产地直发的方式优化供应链，减少流通渠道中的分销层级，有效控制价格的层层加码，最终能够向消费者提供极具竞争力的售价。

3. 以预售提升资金周转

相较于实体零售、传统电商模式下动辄数月的回款账期，社区团购模式的资金周转率非常高。这是由于平台可利用消费者预付款为供应商提供零账期现金结

---

① 1 斤等于 500 克。

算。与传统渠道一般 3 个月的账期相比，社区团购模式下的资金周转速度至少可提升 15～20 倍甚至更多。高周转率的资金结算可以保证供应链上各环节都有充足的现金流，正向激励并强化这一薄利多销的经营模式，从而使整个社区团购生态体系走向良性循环。

总而言之，预售模式可以实现精准采购和现金结算，大幅降低产销成本。然而，目前许多社区团购商家在运营实践中尚未实现整条供应链的以销定采。因此，与理论上相比仍然存在很大的提升空间。在消费端，社区团购可以进一步引导消费者形成周期性计划采购的习惯，尤其应鼓励消费者定期采购日化、洗护、厨房调料等家庭固定消费品；在供应端，社区团购可以通过精准匹配供需和提高资金周转率，优化供应链中的各节点，进一步节省各级分销商的仓储费用以及二次运输费用。

8.3.2　"次日达"实现规模配货，降低物流成本

时效也是社区团购区别于其他零售模式的一个关键因素。目前生鲜电商的几种运营模式中，盒马鲜生、叮咚买菜等部分业务开展生鲜即配，即承诺 1 小时甚至半小时内送货到家，这要求企业必须采用店仓一体或前置仓的重资产模式。而淘宝、拼多多等提供的多日达服务，虽然省去了前端的店仓投入，但一件即发的散单增加了整体的物流成本，而且由于物流环节的不可控性，物流延迟会对消费者的购物体验造成较大的负面影响。社区团购采用当天下单、次日达的模式，时效性介于上述两种模式之间，既降低了实时配送的物流压力和保鲜、冷链与仓储成本，又基本保障了生鲜商品的新鲜程度。

如图 8.1 所示，社区团购商品的流转也是通过仓配实现。当发展至一定规模后，社区团购的仓配体系一般有四级，即共享仓、中心仓、网格仓和团点。共享仓的功能在于存储来自供应商的商品，并对其进行处理、加工、包装等，以保证能在短时间内被高效送至中心仓；中心仓是整个配送流程中的物流核心枢纽，所有发往后端的商品都在中心仓周转，集中完成对订单的分拣和发货；网格仓的功能类似于中转站，负责收货、到团分拣和出货，完成对订单的进一步分拣和团点的商品交付。这些仓配环节环环相扣，形成了整个社区团购业务的订单履约系统。

从行业实践来看，中心仓的覆盖半径为 100 千米左右，覆盖一个区域、省份或多个城市；网格仓的覆盖半径为 20 千米左右，覆盖一个城市、区县或村镇；根据行业内报告，在实践中，一般一个中心仓可以辐射 50～70 个网格仓，一个网格仓可以覆盖 500 个左右的团，即一个中心仓可以服务 2 万～3 万个社区。从宏观上看，中心仓是影响社区团购物流时效的核心枢纽，其次是网格仓。因此，开展社区团购业务时，需要选择合适的物流信息化解决方案，提升中心仓和网格仓的物流作业效率，降低物流成本。

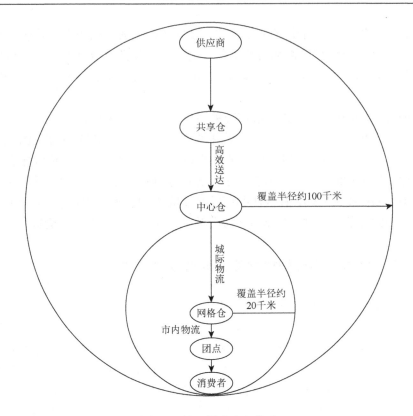

图8.1　社区团购仓配体系

8.3.3　"自提"发挥团长优势，降低履约成本

团长这一重要且特有的角色是社区团购区别于其他零售模式的一大特色。由于移动互联网和社交工具的普及，人与人之间的沟通成本下降，团长成为社区团购维持流量、完成商品交付及提供售后服务的重要一环，连接着整个生态系统的前端与后端。当商品配送到自提点后，由团长或平台联系消费者自行提货，由社区店主或小区宝妈等担任的团长在"最后一公里"尤其是"最后五百米"上发挥了重要作用。

团长角色的引入大大降低了终端履约中的物流成本、人力成本和包材成本。在物流成本方面，由于一个小区只需配送一次，因此集中配送的成本大约分别是外卖、前置仓的1/6和1/8。人力成本的节省主要体现在消费者层面的订单分拣由团长来承担，团长作为平台的兼职人员而非专职拣货人员，其佣金由成单金额决定，因此减少了工资和保险金等固定支出。另一个容易被忽略的因素是包材成本，由于社区团购消费者自提的距离近、时间短，因此普通商品只需简单包装即可，无须再使用纸箱、泡沫箱等额外包装；对于冷冻冷藏商品而言，也只需放置几个干冰包，或者借用团长自提点的冷冻冷藏设备。这部分成本在大规模销售中同样不可忽视。

此外，团长还负责解决商品质量和退货等问题。如果团购商品出现质量问题，消费者可以第一时间联系团长，团长作为调解人，将问题反映给供应商和平台。由此可见，团长作为直接接触消费者的一方，其服务质量对消费者购物满意度具有重要影响。在部分社区团购实践中，团长甚至还负责解决获客流量的来源问题。

第9章 中国社区团购的发展历程与展望

社区团购是在先进的技术基础上，随着社会发展而产生的。2010 年移动互联网技术在中国的普及催生出了移动商务，微信、小程序等的广泛应用，使人与人、人与物之间的实时信息交互变得更加便捷；手机支付宝、微信支付等第三方支付平台也解决了关键的移动支付问题，总体上满足了社区团购在社交参与、支付信任、商品展示三个方面的基础技术要求。中国近二十年的城镇化建设、城市功能区的集中布局、生活节奏加快的中产阶层规模不断增加以及 2019 年末突如其来的新冠疫情，共同构成了社区团购发展的社会条件。不同于大多由国外引进中国的其他零售业态，社区团购是极少数由中国首创的零售创新形态之一，并且还在持续发展演进中。

9.1 社区团购的发展历程

行业内公认的社区团购业务的首次探索出现在 2016 年的湖南长沙地区，但该阶段社区团购平台的商品品类较少、配送成本高昂、经营效益较低。2017 年，各社区团购平台纷纷扩充商品品类规模，着手完善供应链等基础设施。2018 年，社区团购迎来第一轮快速发展的热潮，全国各地涌现出多家专注于社区团购的企业。2019 年，社区团购行业的竞争格局经历了洗牌重组，部分企业或退出市场或被并购，行业的市场集中度提高。2020 年，在新冠疫情催化下，社区团购重获关注。新冠疫情期间，社区团购是保障民众日常生活需求的有效手段，此契机不仅使更多的消费者接触到了社区团购，也让消费者深刻感知到了社区团购的便利性。业内数据显示，2020 年上半年，社区团购的用户数量大幅度增加。2020 年下半年，随着新冠疫情的延续和大规模的资本涌入，社区团购平台之间的竞争越来越激烈，引起了政府部门和社会舆论的关注。

参与社区团购的企业大致可以分为三类：第一类是具有便利店、超市等实体门店的连锁零售企业，其拥有毗邻社区的线下门店，具有服务社区需求的天然优势，如湖南芙蓉兴盛、北京好邻居便利店、安徽壹度便利店、山东爱客多、山西省太原唐久超市有限公司等；第二类是纯粹的社区团购创业平台，致力于整合现有的各种资源来开展社区团购业务，如十荟团、食享会、虫妈邻里团等；第三类是后来进入市场的互联网巨头，如阿里巴巴、京东、滴滴、美团、拼多多和腾讯等，它们都已占据了电商、社交、出行等行业的主要市场，并将社区团购业务作为自己发展的新增长点。

9.1.1　连锁零售企业立足门店面向社区

以芙蓉兴盛为代表的连锁零售企业，较早进入了社区团购领域，但其发展历程并不是一帆风顺的。芙蓉兴盛是湖南知名连锁社区超市品牌，历经 20 多年的运营发展，开设超过 1.5 万家线下门店。从门店规模来看，国内仅有社区便利店品牌美宜佳、加油站便利店品牌中石化易捷销售有限公司、中石油昆仑好客有限公司等连锁零售同行排名在芙蓉兴盛之上。作为探路者，芙蓉兴盛旗下的兴盛优选平台花了四年时间，先后尝试了门店自配送、网仓配送和菜场配送站的模式后，才最终摸索出了"预售＋自提"模式，率先在国内甚至全球跑通较大规模的社区团购并实现盈利。

在国内零售业 O2O 浪潮中，芙蓉兴盛的创始人岳立华于 2013 年 7 月着手创办电商平台兴盛优选，并于 2014 年初正式上线运营该平台。最初，兴盛优选采取与美宜佳等其他零售同行类似的模式，为门店搭建线上销售渠道，依托线下门店，采用门店自配送模式分散交付店内现货，门店同时还负责商品配送和售后服务并收取服务费。然而和当时国内大部分知名零售品牌的线上渠道一样，由于平台缺乏流量、门店配送能力有限等问题，经营业绩不甚理想。

吸取行业经验教训后，兴盛优选开展了一系列创新探索。2015 年 8 月，兴盛优选转型为网仓配送模式，自建物流中心和配送团队。在前端通过补贴策略吸引消费者，在后端重资产投入建设仓储配送体系进行产品配送。但经过几个月的实践，又以亏损失败告终。2016 年 1 月，兴盛优选再次对配送站模式改革，在多个农贸市场设立配送站，以加盟方式吸引市场商户和摊贩成为合作伙伴，但由于这一模式受天气因素的影响较为严重，同时门店参与度和积极性不高，经过半年多的探索，最终以团队解散收场。

2016 年 8 月，兴盛优选在第四次的创新探索中提出了"预售＋自提"的零售模式，即门店店长建立微信群，吸引周边社区居民入群，在群中发布筛选后的团购商品信息，以方便社区居民下单。店长当天进行订单信息汇总和录入订单信息，平台次日凌晨完成采购，次日上午将商品配送到门店，再由店长通知顾客自行到门店提货。兴盛优选在一年内，成功孵化和培训 62 家门店开展这一业务，订单数量从日均 2000 单增长到日均 20 000 单以上。经过实践验证模式的可行性后，兴盛优选进一步建设订单获取、履约能力和供应链体系，上线 H5 下单页面以简化店长人工操作流程和工作；并自建物流中心和供应链体系，供应商只需要将商品配送至物流中心，后续的商品分拣、包装和配送等工作由兴盛优选自营的物流体系完成。建立的"中心仓—网格仓—门店"三级物流配送体系大幅提升了此零售模式的运营效率和覆盖范围。

在连锁零售行业中，实体门店店长的追求目标是在控制库存和人力成本的前提下，增加门店的客流量和收入。兴盛优选第四阶段的创新模式有效实现了上述目标。预售商品主要从传统便利店和部分社区超市不涉及的生鲜农产品中选取，一方面，拓展了门店商品品类规模，增加了门店 SKU 数，避免线上业务和门店业务形成直接竞争；另一方面，由于生鲜商品具有刚需、高频等特征，通过顾客自提还能够有效帮助门店引流，为便利店带来额外的客流量和交易。同时，预售不会增加商品损耗、自提不会增加配送工作量，因此门店的运营成本并未显著增加。此外，店长和店员还可以获得一定比例的团购收益提成，提高了门店人员收入，从而能够激发门店工作人员维护、发展社区团购业务的积极性和主观能动性。

兴盛优选"预售＋自提"的模式创新是社区团购成功的关键，通过大幅度改造和充分利用社区超市、便利店等社区门店，其社区团购业务取得了巨大成功。2019 年，兴盛优选销售额超过 100 亿元，同比增长超过 1250%；2020 年，兴盛优选销售额进一步突破 400 亿元。从 2018 年到 2020 年，兴盛优选陆续获得多家投资商的多轮融资，金额高达数十亿元。通过 5 年的经营实践，兴盛优选社区团购模式的可行性得到了充分验证。到 2021 年底，兴盛优选的业务飞速扩张，不仅覆盖湖南和湖北两省的绝大多数城市和区县，还进一步拓展到了江西、广东、四川、重庆、陕西、河北和山东等地的主要城市区域。

在当前需求收缩、供给冲击的经济背景下，兴盛优选对于零售模式的创新和社区团购的探索，为传统零售业和实体门店面临的经营困境提供了一种值得借鉴的解决方法。由于互联网巨头的参与和竞争，以及很多零售企业对社区团购的认识不足等多种原因，部分连锁零售企业开展社区团购业务的经营绩效不太理想，甚至在业务各流程存在不少问题。尽管如此，社区超市、便利店、专卖店等连锁零售企业仍具有得天独厚的商品组织能力、庞大的地面自提点网络以及为社区居民提供服务的便捷性、体验性和可靠性的优势，这些优势决定了零售企业将成为区域性社区团购经营的重要力量。

9.1.2　纯团购平台差异化定位服务本地

社区团购在线上销售生鲜农产品等品类上具有独特的优越性。在一定区域内跑通社区团购模式的兴盛优选作为行业成功案例，吸引了资本市场的注意力，也带动了大量创新企业进入赛道。与传统零售企业拥有实体门店、从线下向线上发展的模式不同，这类创新企业进入社区团购领域的模式大多是先搭建在线团购平台，再从线上向线下进行资源整合。从行业实践来看，这类团购平台存在目标市场与定位的显著差异。一类定位全国市场，追求市场规模和扩张速度，如十荟团、同程生活等；另一类则聚焦区域市场，追求本地化和差异化，如知花知果、九佰街、虫妈邻里团等。

全国性的纯社区团购平台定位全国市场，追求规模和速度。以十荟团为例，该公司于 2018 年 6 月由"有好东西"的创始人陈郢和"爱鲜蜂"的高级运营前副总裁王鹏联合创建，总部位于北京，借助小程序和 APP，致力于为社区家庭提供产地食材以及日用品等。在短短两年多的时间里，十荟团就获得了多家投资机构共四轮数亿美元的投资，并将业务拓展到华中、华南、华东、华北、西北、西南和东北七大区域，业务几乎辐射全国。据报道，2020 年 4 月，十荟团日订单峰值超过 160 万单，2021 年 1 月日订单突破 1500 万单，2021 年 2 月，更是携手淘宝共同登上春晚舞台，迎来品牌的高光时刻。2021 年上半年，公司员工总数一度高达万人以上。

十荟团的社区团购业务具有三个比较突出的特色：一是在选品上，从原来利用爆品引流转变为销售日常生活用品，满足下沉市场庞大消费者群体的日常消费需求，从而获取持续、稳定的流量，并致力于将社区团购打造成消费者购物的常规渠道；二是精细化运营管理，综合考虑消费者的购物特征和规模等因素，及时拓展或调整商品品类，并通过对团长进行社群运营培训，增加群内成员交流，从而优化用户体验、维护社群关系；三是自建仓配物流和供应链体系，将配送流程控制在 14 小时以内，高效连接供应商、仓储、门店和消费者。

全国市场的同时开拓以及前端的价格补贴和后端的重资产投入让十荟团一直依赖于资本输血。由于市场监管力度的加强和互联网巨头入局后的激烈竞争，十荟团计划中的融资受阻，资金链开始断裂。2021 年 8 月，十荟团开启了大规模裁员，陆续停止了在 21 座城市的业务经营。与十荟团发展路径相似的美家买菜、食享会、同程生活等平台，也先后遭遇了同样的困境。长远来看，以十荟团为代表的全国性平台类社区团购创业者承担了早期创业的试错成本和风险，推动了零售行业的革新与进步，为后来者提供了宝贵的经验和教训。

同样开展社区团购业务，但不急于依靠资本向全国扩张的地方团购，却走出了另一番景象。面对互联网巨头的碾压式打击，很多地方团购平台依靠差异化战略顽强地存活了下来。大庆九佰街、厦门叨到家、上海虫妈邻里团、长沙知花知果、南昌味罗天下、温州永鲜、商丘优尚、郑州有井有田、郑州量子美食、济南小熊乐、天津乐乐生鲜、丹东邻聚团和长春榴小敏等，都是地方社区团购企业的代表。

大庆九佰街自 2019 年入局社区团购以来，采用"爆品＋商场"的模式，致力于提供品质过硬和性价比极高的商品，目前已成为大庆的知名团购平台。九佰街的经营特色是掌控供应链中当地的生产源头链，通过深入蔬菜产地，与农户签订包销协议，强化本地县域特色农产品的独家销售，去除冗余环节，减少无效成本，实现消费者、团长、供应商和平台的共赢。

厦门叮到家则是南方的地方团购的缩影。叮到家成立于 2018 年底，仅用一年的时间就覆盖了厦门 6 个区近 50 万户家庭，并迅速推广至漳州和泉州两个城市。截至 2021 年底，叮到家已覆盖了 2000 多个中高端社区，并保持了 90% 左右的超高复购率。在社区运营中，叮到家将客户满意度作为核心管理指标。比如，若是出现商品缺货或消费者对商品不满意的情况，叮到家不仅向消费者全额退款，甚至还给予实物或现金补偿。

上海虫妈邻里团从在企业创始人所在的小区建立首个社群起步，逐步扩展到了上海的上百个高端住宅社区，为上万个家庭提供服务，其中 90% 以上的客户为具有较高消费能力的固定客户群。虫妈邻里团的订单客单价和顾客年平均消费水平均远高于同行。通过立足高端客户人群、严格控制商品品质，虫妈邻里团保证了消费者的忠诚度，从而较早实现盈利，并在全国范围内的地方团购平台中形成了自己的品牌特色。

社区团购的重要商品品类是生鲜农产品，该品类具有的区域性生产、易腐易损耗的特性以及消费者对商品的时效性需求，导致社区团购跨区域经营难度较大，地方性资源很难直接复用到其他地区，呈现出了强区域性的特征。为了满足消费者对产品新鲜度的要求，实现次日达的承诺预期并减少运输途中的损耗，平台应当在当地采购大部分商品，并在每个区域建立仓储、分拣、配送等基础设施。因此，在实践中，社区团购与主要经营工业品的传统电商相比，马太效应和网络效应的影响较不显著，这就要求社区团购企业在每个区域都要稳扎稳打，基于当地特色做好本地服务。这也为各地的众多企业开展差异化的社区团购业务提供了创业和发展的机会。

9.1.3 互联网巨头资本催化快速布局

2021 年 7 月发布的《2020—2021 中国社区团购行业研究报告》显示，受新冠疫情影响，2020 年中国社区团购市场发展迅猛，市场规模达 1400 亿元，预计未来 3～5 年市场规模还将扩容 6～8 倍。面对社区团购如此广阔的市场前景，腾讯、阿里巴巴、京东、美团、拼多多、滴滴等互联网巨头，纷纷于 2020 年入局社区团购。2020 年 6 月，滴滴打造的社区团购品牌"橙心优选"上线，董事长兼 CEO（chief executive officer，首席执行官）程维公开宣布"滴滴对橙心优选的投入不设上限，全力拿下市场第一名"；2020 年 7 月，美团发布组织调整公告，宣布成立优选事业部并推出美团优选业务；2020 年 8 月，拼多多新推出的"多多买菜"小程序在武汉和南昌两座城市率先上线；2020 年 9 月，阿里巴巴成立盒马优选事业部，明确进入社区团购领域。此外，阿里巴巴、腾讯和京东等巨头还通过投资其他社区团购企业占据市场，如京东和腾讯投资兴盛优选、阿里巴巴投资十荟团等。

与被称为社区团购"老三团"的兴盛优选、十荟团和同程生活相比，拼多多、美团和阿里巴巴这些互联网巨头在经营社区团购业务时有着不同目标，即利用社区团购商品高频、刚需等特征，源源不断地吸引新用户，并提高老用户的活跃度，构筑自己的市场壁垒，打造一个完整的互联网生态系统。由于这些巨头拥有国内领先的平台流量基础并且同时发展了多项业务，因此它们对于社区团购的理解和经营方式与传统零售企业、纯社区团购平台存在较大的差异，对整个社区团购业态发展的影响也有待经过时间检验。

社区团购是拼多多需要坚守的一项重要业务，因为社区团购业务与其主营的电商业务在用户群体上存在很多共同点。因此，拼多多创始人黄峥强调，举公司之力，全力投入社区团购业务，在生鲜农产品领域加大投入、深度创新，做好长跑的准备。随着多多买菜的发力，拼多多用户的使用时长、购买频率和用户黏性均得到了有效提升，拼多多在农产品供应链上也形成了自己的优势和竞争力。而且，拼多多还在进一步加强农产品供应链的投资和建设。

美团将自己定位为大型生活服务平台，在外卖用户数量增长变缓的情况下，其迫切需要寻找新的流量入口，社区团购则为美团提供了一个获取大规模流量的方向。在社区团购的竞争中，美团提出了"千城计划"，力求实现覆盖全国区域，并下沉到县级市场。2020 年 10 月，美团 CEO 王兴在内部会议中提出美团优选和美团买菜的生鲜零售业务是一场必须要打赢的仗，并将其定位为全公司的"一级战略"。曾经经历过外卖大战并由此崛起的美团，再次采用了"烧钱 + 地推 + 垄断"的组合策略。截至 2020 年底，美团优选已经进入 27 个省区市、293 座城市，发展势头非常迅猛。

2021 年 9 月 14 日，阿里巴巴社区电商事业群（manufacturer to mom-and-pop store to consumer，MMC）对外召开发布会，宣布打通原有盒马集市和淘宝买菜，并将品牌正式升级为淘菜菜。资源整合后，阿里巴巴将为社区团购业务提供从供应链到物流体系的全方位支持。盒马鲜生的海鲜、大润发的百货以及天猫国际的进口商品，顾客都可在淘菜菜中进行购买。阿里巴巴社区电商事业群下属的零售通和数字农业，也与淘菜菜建立了深入协同机制：30%～40%的淘菜菜团长来自零售通小店；数字农业事业部连接农产品基地和产地，为淘菜菜供应优质农产品。依靠阿里巴巴的全方位赋能，以及消费终端社区店的密集分布，淘菜菜预计能帮助阿里巴巴触达更多下沉市场的消费者，拓展其用户群体。

各大互联网巨头采用互联网模式对社区团购进行规模化运作，由平台对接上游产品源头，提供供应链和物流仓储服务并进行基础设施建设。这些环节具有投资高、周期长的特点，因此企业的实力和耐力在发展过程中至关重要。在乡村振兴和共同富裕的时代背景下，互联网巨头在上游深耕农产品产业链，积极为"有品类、无品牌"的生鲜农产品寻求出路；在下游构建完善的物流和供应链体系，将高性价比的商品下沉至各个城市。基于资本和平台等优势，互联网巨头对社区团购的催化有可能为这一商业模式的发展注入新动能。

9.2　社区团购的未来展望

9.2.1　社区团购对其他业态的影响

随着社区团购的商品从生鲜农产品扩展到日用百货、休闲零食、母婴用品、饮料酒水、美妆等更多品类，社区团购的发展方向开始转为满足社区居民的一站式购物需求。基于成本和效率上的独特优势，社区团购正逐渐成为便利社区居民生活和激活二、三、四线城市尤其是县级消费市场的创新零售模式。当然，社区团购在发展成熟的过程中，不可避免地会与其他零售渠道抢夺消费者的注意力和市场份额，给其他零售渠道带来竞争和压力，下文重点讨论主要受到影响的超市、农贸市场、传统电商和即配电商四种业态。

1. 超市

中国超市业态曾有过一段辉煌的发展历史，但随着大卖场、便利店、专卖店、电子商务的崛起和对消费市场的细分（王成荣等，2014），超市卷入了与其他零售业态的激烈竞争，同时也暴露了自身的一些渠道缺陷。社区团购与超市业务的竞争使超市的运营状况雪上加霜。据行业统计，国内头部商超企业 2021 年的 GMV 较 2020 年下降了 10%～15%，下降的销售额中相当一部分被社区团购和直播电商等新兴零售渠道瓜分。超市业态未来如何发展，还需要行业积极探索新的方向并创新其运营管理模式。

2. 农贸市场

农贸市场（即传统蔬菜市场）主要指由多家摊贩共同向城乡居民提供以生鲜农产品零售为主要服务的交易场所。据全国城市农贸中心联合会发布的《2021 年农贸市场发展情况调查报告》，2020 年农贸市场总交易额为 3.3 万亿元，相较于 2019 年同比下降 5%，但占生鲜农产品零售市场份额的比例依然高达 57%，仍是我国生鲜农产品零售的主要渠道。随着人力成本的提高和生活节奏的加快，互联网对这种渠道的影响会逐步显现。社区团购商品能够实现与农贸市场相似的价格、质量和鲜度，也能让顾客省去到农贸市场线下购买的时间，这一更为便捷的购物渠道可能会逐步改变老百姓前往农贸市场购买生鲜农产品的消费习惯。

3. 传统电商

与传统电商相比，社区团购具有三大优势，即通过社交工具实现更高频的信息触达、通过团长实现更加人性化和保障周全的服务、通过次日达实现更高的时效性。因此，部分传统电商的流量可能会被吸引到社区团购模式，这也是阿里巴巴、京东、拼多多、美团等电商平台十分关注社区团购，纷纷投入海量资金进行布局的重要原因之一。

4. 即配电商

目前，前置仓、店仓一体等以到家服务、即时配送为标志的生鲜即配电商业态，仍处于探索尝试阶段，虽然已经实现局部盈利，但是其资产投入模式比社区团购业务要重得多，这也导致了全局盈利依然任重道远。随着社区居民养成跟随社区团购的节奏定期采购的习惯，即配电商的需求市场被进一步分割。并且，即配电商主要覆盖少量非计划性的中高端需求，对客单价的要求较高，因此盈利压力也将会更大。

社区团购对其他业态的影响，尤其是通过大规模资本补贴扰乱市场价格体系的行为引起了国家有关部门的高度重视。2020 年 12 月 22 日，国家市场监督管理总局联合商务部召开了规范社区团购秩序的行政指导会，阿里巴巴、腾讯、京东、美团、拼多多、滴滴等六家互联网平台企业参会。为严格规范社区团购经营行为，会议要求互联网平台企业严格遵守"九个不得"原则，具体内容包括：①不得通过低价倾销、串通价格、哄抬价格、价格欺诈等方式滥用自主定价权；②不得违法达成、实施固定价格、限制商品生产或销售数量、分割市场等任何形式的垄断协议；③不得实施没有正当理由的掠夺性定价、拒绝交易、搭售等滥用市场支配地位的行为；④不得违法实施经营者集中，排除、限制竞争；⑤不得实施商业混淆、虚假宣传、商业诋毁等不正当竞争行为，危害公平竞争市场环境；⑥不得利用数据优势"杀熟"，损害消费者合法权益；⑦不得利用技术手段损害竞争秩序，妨碍其他市场主体正常经营；⑧不得非法收集、使用消费者个人信息，给消费者带来安全隐患；⑨不得销售假冒伪劣商品，危害安全放心的消费环境（何玲和孟佳惠，2021）。"九个不得"政策的推出，表明了国家反对部分社区团购平台为抢夺客户而恶性价格竞争，维护市场公平的坚定立场。

国家市场监督管理总局在 2021 年 11 月公布的《关于防止大型互联网公司利用网络团购形成市场垄断进入市县基层地区，严重影响群众利益的建议》的答复中，再次明确指出了社区团购带来的三大问题：一是破坏了现有供应链产业的正常发展；二是低价倾销扰乱市场价格秩序；三是挤压小摊主、小商贩等群体的就业空间；影响社会稳定。文件中提到，"互联网平台企业利用资金、数据、流量等优势进军社区团购，以补贴低价形式抢占市场，容易对农贸市场、社区便利店等线下社区经济带来巨大冲击"。

在强有力的监管之下，社区团购平台进入规范纠偏阶段，各企业将发展重点从低价补贴抢占市场，转为打造高效精准的农业供应链，通过直接连接农户与消费者，减少供应链中间环节。2021 年 12 月 9 日，中央电视台《新闻联播》肯定了美团优选社区电商在农产品流通领域的独特贡献；《人民日报》也专门刊文报道了淘菜菜，称其为新兴社区电商平台，并认可其对于农产品囤积和损耗问题的有效解决；2021 年 12 月 27 日，中央网络安全和信息化委员会印发《"十四五"国家信息化规划》，指出要促进新业态新模式发展，支持社交电商、直播电商、知识分享等行业健康有序发展，积极发展远程办公、云展会、无接触服务、共享员工等新兴商业模式和场景应用，透露出支持、鼓励社区团购发展的积极信号（李保林和陈海超，2022）。

宽松的政策有利于社区团购的发展。同时，社区团购企业在发展壮大的过程中，也要具备生态思维，致力于创建良好的生态环境，通过容纳多元主体，用新的组织机制解决人民群众的生产生活问题，实现多方共赢，共享发展成果。社区团购企业应当充分发挥自身供应链和仓储优势，促进农产品上行和工业品下行，缩短产品从田间工厂到消费者手中的路径、时间，一方面，为社会公众的生活提供保障；另一方面，有效地助力农民和小生厂商等主体参与方共同增收，走上共同富裕之路。

9.2.2 社区团购的未来发展

社区团购作为一种新的零售流通业态，其发展主要由三方面因素驱动：①流量，即有多少顾客愿意通过这种渠道购物；②交付，主要关注商品从店家至顾客的交付过程中所花费的成本和履约效率；③生产，即该渠道生产商的数量和效率。从这三种驱动因素所处主导地位的变化，可以将社区团购的发展过程划分为如下三个阶段，如表 9.1 所示。

表 9.1 社区团购的发展阶段和特征

阶段	驱动因素	标志事件	流量成本	交付成本	生产成本	业务形态
第一阶段（2017~2019 年）	流量驱动	团长群体形成	团长分佣10%	社会化交付	不变	促销
第二阶段（2020~2021 年）	交付驱动	线下店陆续入场	店员兼职拿3%	复用门店交付能力	不变	常销
第三阶段（2022 年至今）	生产驱动	生产商定向生产配送	不变	交付环节压缩	按 C 端订单以销定产	产销一体化

　　第一阶段的发展主要由流量驱动，标志事件是团长群体的形成。微信群聊和微信支付的普及使得获取电商流量的门槛大幅降低，大量个体团长参与其中，他们往往并不具备丰富的零售经验和强大的商品组织能力，但在当时流量多、产品少的市场背景下，也能获得可观的收益。之后，随着专业社区团购公司的兴起，团长的商品组织和零售管理能力得到充分的锻炼。在这种模式下，流量成本变为团长的佣金，来源于销售额的一定比例。

　　交付成本主要包含两部分：从仓库到团长的物流运输成本以及从团长到顾客的自提管理成本。自提管理成本体现在团长的佣金中。团购初始阶段，由于销量规模小且分散，团购方主要从批发市场或者经销商处批发货物，无法影响商品的生产端。在此阶段，社区团购主要采用"开团秒杀"等营销手段获取订单和获得前期流量。这是由于该阶段社区团购涉及的商品较少，且消费者尚未形成固定的社群消费习惯。随着团长增多，流量上涨，消费者对各类商品的需求也在不断增加，团长数量的增加成为这个阶段推动市场发展的主要因素。2019 年，团长的数量规模优势已经接近上限，团长专业能力弱的短板逐渐暴露出来，因此仅仅依靠团长数量的增长，已经无法推动行业继续发展。

　　第二阶段的发展主要由交付驱动，其标志事件是连锁实体店（专业流通企业）广泛开展社区团购业务。连锁零售企业，尤其是连锁社区便利店开展社区团购业务的成本优势非常明显，通过将到店客流直接引导到线上，有效解决了团购流量引入的问题。此外，连锁企业向团长支付更低的佣金，大幅降低了社区团购的流量成本。在此模式下，总部每天向各个门店配送商品，社区团购可以复用既有的仓储和配送能力，增加的成本微乎其微。门店即自提点，顾客到门店提货，虽然增加了门店的管理成本，但也提升了门店的到店客流。流通成本的下降，必然会表现为零售价格的降低，从而吸引更多的顾客。

　　"流量＋交付"的双重成本优势，是决定一个地区社区团购持续发展的关键因素，只要连锁店的社区团购业务充分利用其在流量获取和交付成本方面的优势，当地的其他社区团购公司只能与其开展差异化竞争。此外，连锁店的商品组织能力无疑要比其他社区团购公司强大得多，从而更具经营优势。随着可售商品品类的日益丰富，连锁店的社区团购将逐步从促销场景过渡为常规零售场景。随着商品销售的稳定与规模扩张，零售商对销售结果的预估将更加准确，可以使得需求能够引导上游供应商围绕社区团购场景专门组织生产，从而进一步降低生产成本，形成正向循环。

　　第三阶段的发展将由生产驱动，其标志事件是越来越多的厂商为社区团购场景定向组织生产。社区团购是典型的预售制模式，厂商根据需求组织生产，能够有效降低生产冗余并减少无效库存，大幅缩减生产成本，从而通过在消费终端下调零售价格，来吸引消费者，进一步扩大市场规模。这个阶段的业务形态将超越常规零售,体现出产销一体化的高效性。零售商销售的不是自己的商品,而是生产商的商品,甚至是生产商还没有生产出来的商品。流通环节简单化,流通过程快捷化,物流效率大大提高,社区团购的成本优势、效率优势将使其有可能超越实体零售和网络零售,成为占据重要地位的一个流通渠道。

　　未来十年是产业互联网时代,消费互联网野蛮生长的盈利模式已经不再具备优势。在产业互联网时代的背景下,企业应通过产业链降本提效,优化资源配置,降低融资成本,最终达到"1+1>2"的增值效益。社区团购是从流量、运营、配送、售后实现供应链全链路创新的一种零售新模式,其中商品运营、供应链整合、仓储配送是重中之重。目前,无论是从全国地理行政区的渗透率,还是从单个地区的市场渗透率,或是从社区团购平台的 SKU 数量来看,社区团购都仍处于初级阶段,尚有较大的潜力等待发掘。

第 10 章　兴盛优选案例

兴盛优选的前身是芙蓉兴盛，由岳立华等创建，后者为兴盛优选提供了核心的创业团队、资金、资源和品牌等启动要素。芙蓉兴盛是一家发源于湖南、立足于社区便利店的连锁零售品牌。核心资产是其加盟门店和直营门店，以及为门店供货的供应链，并向门店供应商品。

兴盛优选经历了五个发展阶段，分别为社区便利店批发业务时代、前兴盛优选时代、兴盛优选的探索时代、兴盛优选与巨头大战的时代及兴盛优选与巨头休养生息的时代。

10.1　社区便利店批发业务时代（1980～2013 年）

10.1.1　农村批发部和县城商超时期

岳立华出生于湖南省益阳市南县农村，在家里七兄妹中最小。20 世纪 80 年代，岳立华的父母在老家开了一个小卖部，岳立华自幼便在小卖部帮忙。1991 年，17 岁的岳立华从学校辍学，以父母的名义贷款，在镇上开了一个批发部，专门批发商品为村里的小卖部供货。自此，岳立华目睹并参与了中国三十年波澜壮阔的现代零售发展历程，并且成为社区团购零售浪潮的核心人物之一。

1994 年后，随着以华联超市、联华超市为代表的一批本土超市品牌的建立，连锁超市在中国快速兴起；21 世纪初期，分散的、小规模的内资超市蓬勃发展，沃尔玛、家乐福、易初莲花等国际巨头品牌加速进入中国市场，中国零售行业的投资力度空前。

超市业态的发展影响了远在湖南省益阳县城的岳立华。2001 年 9 月，岳立华放弃了经营了 10 年的商品批发，转为开办超市，从事商品零售业务。在朋友的建议下，岳立华的目标开始转向连锁经营，将朋友和自己的超市品牌合并，转设成连锁零售企业，对商品进行统一配送和管理。公司毗邻湖南省益阳市南县的兴盛大道，"兴盛"二字有兴旺发达之意；湖南省的省花是芙蓉，该花生存能力强，花开抱团、欣欣向荣，也符合朋友合伙创业、前途光明的寓意。所以岳立华将新创办的公司取名为芙蓉兴盛。初创的小型社区超市想要盈利并不容易，经验不足、货源不佳或者经营不善都有可能导致亏损，而将社区超市整合为连锁品牌，可以保留原有经营优势，帮助经营者少走弯路，使超市的经营管理更加专业化。

芙蓉兴盛公司创业初期发展缓慢。从 2001 年到 2006 年，芙蓉兴盛的分店数量不足 10 家；而同期华联超市、联华超市、华润万家、步步高、家家悦等本土连锁超市以及沃尔玛、家乐福等外资商超发展迅猛。芙蓉兴盛发展受限的主要原因是能力与业务经营要求不匹配，如中小型超市经营一般需要数千个 SKU，这在 21 世纪初益阳市不发达的经济环境下尤为困难。资金、技术、经验和管理等方面的落后，使芙蓉兴盛最终改变了创业方向。岳立华后来回忆这段经历，反思道"无论资金、实力、人员和经验，我们都没法与沃尔玛、新一佳等大型超市相比"。

10.1.2　社区便利店业务

县城商超项目失败后，岳立华将目光投向社区门店、夫妻店、小卖部和便利店业务——这些被统称为社区便利店。芙蓉兴盛关闭了面积在 100 平方米以上的超市，将业务重心转移至 30~80 平方米的社区便利店，岳立华和创业团队回到了自己熟悉的业务领域。得益于农村零售的从业经历，岳立华找到了被国内外零售巨头忽视的商机——城郊和村镇零售市场。

外资超市巨头大都从北上广深等大都市进入中国市场，再逐步渗透至各省重要地级市，很少进入次要地级市和县城市场；本土的大型连锁超市则重点在当地省会城市或重要的地级市发展，鲜有进入县城市场；规模再次的本土超市则是在县城起家，逐步渗透到其他县城；比县城更小的如乡镇市场，甚至县城周边的市场都处于没有知名零售品牌进入，缺乏大型现代商业组织，几乎都是个体户单打独斗的状态。

从城市来看，级别越低，一般来说商业竞争越弱；从城市商业布局来看，超市和便利店往往聚集在核心地段或重要区域，越远离核心地段，商业竞争越弱。人们普遍认为城郊和乡镇群体消费能力弱，消费支出少，实现商业盈利较为困难。而芙蓉兴盛却在国内外零售巨头在一线城市激烈竞争的同时，将目光聚焦于乡镇，比拼多多更早十年左右关注下沉市场。

经过在当时还属于高端的商超行业的一番浮沉，岳立华的想法更加切合实际，目标越发踏实，他不再关注外界铺天盖地的前沿概念和日新月异的世界，决定将目标市场锁定在城郊和乡镇的零售市场。他认为，"就算城郊和乡镇消费者没有什么购买能力，那柴米油盐这些东西总是家家户户的必需品吧"，这种直观、朴素、唯物的思想给他指明了一条看似微不足道、实际操作可行且前景广阔的光明大道，并由此诞生了后来拥有两万家左右门店的芙蓉兴盛，以及影响到零售行业和互联网行业发展的兴盛优选。

2006 年，岳立华开始寻找加盟伙伴，在蓬勃发展的经济趋势下，岳立华的团队凭借较低的加盟门槛与当时较为新颖的连锁概念吸引了众多小夫妻与刚毕业的大学生的加入。在确定加盟、便利店、边缘市场的定位后，芙蓉兴盛以区域战略为核心，以长沙为起点和中心，逐步扩展到周边的株洲、湘潭、衡阳、益阳等湖南中部和北部地区，然后向整个湖南省乃至全国布局。经过 4 年的发展，2010 年，芙蓉兴盛成为长沙覆盖率最高的便利店品牌之一。截至 2022 年，芙蓉兴盛在湖南、广东、湖北、江西、浙江、江苏、安徽、重庆、四川、北京、天津、河北、福建、陕西、上海、广西的 80 多个地级市或直辖市和 400 多个县级市共开设了 19 000 多家门店。

芙蓉兴盛的成功得益于坚持加盟战略、区域战略、便利店形式和边缘市场定位。芙蓉兴盛的核心业务并非零售，而是批发。零售业务由加盟商经营，公司总部主要负责供货、品牌管理和渠道建设。从行业实践来看，当前主流的便利店基本都采用加盟连锁制度，如美宜佳、"7-11" 等。直营的便利店的规模都较为有限，这也印证了芙蓉兴盛采取加盟战略的正确性。

便利店的定位与创始团队能力、所在地的市场环境适配。一方面，对便利店有需求的消费者多，店铺也适合当地的经济发展情况，芙蓉兴盛通过规模整合和品牌输出，可以带来规模效应和品牌效应，通过简单的管理输入也可以帮助夫妻店、小卖铺提升管理水平，从而形成"芙蓉兴盛—加盟商—消费者"三方共赢的局面。另一方面，商超项目失败后，芙蓉兴盛团队意识到在一线市场竞争者面前不具备显著竞争优势，因此选择在边缘市场发展壮大、循序渐进。而边缘市场的发掘为芙蓉兴盛的长期发展奠定了基础，为后续项目的启动提供了条件。边缘市场不适合经营商超、专卖店以及大规模直营便利店，由夫妻店或小卖铺加盟而来的便利店成为更适合的经营模式。

2005 年前后，中国科学院虚拟商务研究室主任丁玉章教授号召通过坚持区域战略应对外资零售巨头的竞争，并提供相应的信息化和管理一站式解决方案，在全国各地支撑了一大批优秀区域零售企业的崛起和快速发展。芙蓉兴盛也选择了同样的道路。采购成本、配送成本、配送时效等核心指标得到优化，区域市场发展进一步完善，最终能够实现规模效应。加盟战略、便利店形式、边缘市场的定位和区域战略四个方面有机融合、相互影响。

芙蓉兴盛的成功为后来兴盛优选的发展奠定了良好的基础。与芙蓉兴盛坚持边缘市场的战略类似，兴盛优选开展的社区团购业务也一直关注下沉市场，并且在下沉市场占据大量的市场份额，进而在数千家社区团购公司中脱颖而出。兴盛优选用社区团购业务证明了边缘市场并非毫无生机，而是蕴含着巨大潜力的蓝海。结果互联网巨头蜂拥而入，导致兴盛优选不能像芙蓉兴盛一样悄无声息地发展壮大，最终陷入激烈竞争中。

兴盛优选同样选择了区域发展战略。2018～2020 年，在各个社区团购公司在全国疯狂扩张时，兴盛优选聚焦湖南、湖北市场进行深耕。急于扩张规模的社区团购公司接连倒闭，坚守区域的兴盛优选成为幸运者。然而，兴盛优选没有充分坚持区域战略，于 2021 年开始尝试向全国扩张，后遭遇不利，2022 年收缩至以湖南、湖北、江西和广东为主的区域市场，浪费了宝贵的时间和资金。

10.2　前兴盛优选时代（2013～2017 年）

10.2.1　兴盛优选成立的宏观背景

2009 年，淘宝举办第一届"双十一"购物节，开启了电商狂欢浪潮。2012 年，"双十一"购物节当日销售额达到 191 亿元，一天的交易额相当于同期一个大型商超企业的全年交易额，而且"双十一"销售额的年增速达到 300%以上，是传统商超行业的十倍。在传统电子商务的蓬勃发展对线下零售业态的潜在影响日益增加时，移动互联网的浪潮呼啸而至，当时几乎所有互联网公司都急于将互联网移动化，很多创业者认为所有行业、所有事物甚至一个日历都可以移动化；开发一个日历 APP，再搭配上互联网思维和故事就能获得可观的融资。

在电商和移动互联网快速发展时，O2O 和多渠道也随之兴起。电商是将线下的商品转移到线上销售；O2O 是将线下的服务转移到线上销售，如团购券、洗车、洗衣、保姆、外卖等线上订购服务；移动互联网包括电商、O2O 以及线上信息应用的移动化、手机化、APP 化，如社交（QQ PC 端变手机 QQ、微信）、信息传媒（新浪传媒变微博）、娱乐（端游、页游变手游）等。这三股浪潮催生了国内互联网创业的春天。大家普遍认为互联网和移动互联网就是唯一的未来，要用互联网改造所有行业，用一句行业内的言论来说就是"软件吃掉世界"。

互联网浪潮狂热的氛围和互联网企业惊人的发展速度，让零售行业的从业者深深感受到了威胁和巨大的诱惑，哪怕远在湖南长沙，这个在当时几乎没有知名互联网品牌的地方，都洋溢着对互联网的狂热追求氛围。岳立华就是其中的一位"追求者"，他决定尝试建立自己的线上零售王国——兴盛优选。

10.2.2　前兴盛优选的探索期

2013 年 7 月，岳立华着手孵化电商平台兴盛优选；2014 年初，兴盛优选正式启动。经历四年时间的摸索，在尝试过自配送模式、网仓模式、菜场配送站模式后，岳立华及公司团队最终在 2017 年 6 月摸索出了"预售 + 自提"的模式，形成了初步的社区团购模型，其发展历程大致可以划分为四个阶段。

1. 门店自配送模式阶段（2014 年 2 月至 2015 年 6 月）

在第一次尝试中，创始团队深受传统电商平台和 O2O 的影响，当时的负责人计划依托便利店门店创建一个线上的电商平台，实现商品的线上线下同步销售。在历时 17 个月、投入 200 万元后，线上商城系统上线。公司选择了 100 家便利店，将线下门店的商品在线上展示和售卖，消费者可以在线上下单，由门店配送到家，即门店配送模式。

这种模式与当时火遍大江南北的 O2O 模式如出一辙，试图将任何东西线上化，实现线上线下的同时销售。但二者都只关注了线上线下的售卖形式，并没有关注背后的本质，即消费者能从中获得什么价值。兴盛优选的早期团队也犯了这个错误，其业务问题正如兴盛优选项目的第二任负责人、现兴盛优选总裁周颖洁的总结：当前的模式不能解决用户和便利店（利益相关者）的任何问题。如果用户比较懒惰，他线上下单的原因是即时配送和丰富的 SKU 选择，然而基于便利店对已有货物进行线上售卖，大概仅有 1000 个 SKU 可供选择，远远不能满足用户需求；如果用户对价格敏感，那么用户可能不愿意支付配送费；对于便利店而言，因为早期单量少、金额低、配送费低，便利店往往也不愿意送货上门。

早期兴盛优选在团队运作方面也存在较大的问题。它们简单地认为，只要商城上线，用户就会自然而然地下单。此时的兴盛优选团队几乎没考虑过如何引入流量、如何经营流量。在项目失败后，周颖洁总结出平台没有流量、流量不会自己产生，因而需要花钱补贴解决流量问题的经验。在此之前，兴盛优选的资金都用来建设了互联网系统。兴盛优选基本上所有的资源和时间都用于了线上商城系统的建设、开发，等到项目完全上线后才发现无法满足用户需求，最终在 1 个月后被迫暂停。在早期兴盛优选创业团队的认知中，只要有系统能够线上化，在互联网上就会有用户，就能解决实际问题，缺乏"小步慢跑，快速迭代""用户需求导向""产品经理思维"等互联网思维。

早期兴盛优选创业团队表现欠佳的一个原因是长沙没有真正的互联网产业和团队。2015 年，真正懂得互联网逻辑、有组织团队和工作环境的地方主要在北京、上海、广州、深圳和杭州。2018 年前后专业的互联网产业和团队才慢慢发展到武汉、成都、西安这几个城市，长沙则在 2020 年由于兴盛优选和社区团购业务的火热才得以向真正意义上的互联网靠拢。这也就注定了兴盛优选要经历坎坷而漫长的过程。如果没有互联网发展的宏观趋势、外部创业环境的影响、岳立华的坚持以及周颖洁和刘杰辉等高管长期在一线的摸索，也许兴盛优选甚至社区团购业务都不会兴起。

2. 网仓模式阶段（2015 年 8 月至 2015 年 12 月）

总结出第一次失败的原因后，兴盛优选有针对性地调整了战略和目标，并且让发现问题的人——周颖洁来负责继续推进社区团购业务。用户觉得 SKU 不够多，无法满足需求，兴盛优选就在门店附近自建仓库，补充便利店没有的水果、蔬菜等 SKU；便利店不愿意送货，兴盛优选就自建配送队伍；平台没有流量，兴盛优选就花钱补贴来引流。兴盛优选这种将上一个阶段失败的原因当作下一个阶段的改进来源的做法使得团队信心满满。于是，兴盛优选自建仓库，招聘两百多名骑手、采购电动车，结果不到一年就亏损了两千万。

第二次尝试失败的主要原因依然来自业务和团队两方面。

在业务方面，第二次尝试的模式类似于前置仓，前置仓模式的特点是时效快，但是成本高，要求用户具备较强的支付能力，且订单密度足够大。与此类似的模式，同期都在北京、上海、广州、深圳实践着，其中最著名的就是每日优鲜。然而即使是在这种更适合该模式的地方，每日优鲜等也没有实现长期稳定盈利。另外，新建的仓库能额外提供的 SKU 也只有数百个，一直发展到 2022 年，也只有提供大约 3000 个 SKU 的水平，也就是说这种模式相当于额外增加了一个小便利店，并不能显著地拓展 SKU 数量，因此不太可能达到兴盛优选创始团队想象中的足以颠覆市场的规模预期。

在团队方面，周颖洁、刘杰辉虽然与第一代负责人相比摆脱了互联网的形式，更加专注问题本质、关注用户需求，但是此时整个团队的思考逻辑还是不够完整和深入，缺乏对商业的深刻理解。他们有朴素的、直观的思考，但是因为缺乏大型项目的锻炼和商业实践，并不能全面深刻地理解问题原因，更何况要真正解决问题，此时兴盛优选的团队还需要更加长期的磨砺和成长。

3. 菜场配送站模式阶段（2016 年 1 月至 2016 年 7 月）

事实上，在第二次尝试过程中，兴盛优选创始团队就意识到了该模式资金消耗过快过多的问题，芙蓉兴盛董事会、岳立华的合作伙伴当时已提出了不同意见，在岳立华的坚持下，第二次尝试才能够持续半年时间。因为烧钱太快、亏损太高，周颖洁开始压缩成本。一方面，网仓规模缩小到 40 平方米左右；另一方面，将配送站的地址改到菜市场，并以加盟方式吸引菜市场的商户成为配送站的合作伙伴，当配送站存货售罄时，从菜市场商户处临时补货配送给消费者。

虽然在以降低成本为主要目标之一的第三次尝试中，仓储成本确实变低了一些，但配送成本和客单价没有得到改善，业务整体的资本消耗速度和亏损率仍是一家地处长沙的小公司承受不起的。业务过程中还出现了"雨天订单多、晴天订单少，导致运力配置不平衡，影响业务的正常开展"，以及"芙蓉兴盛的便利店参与度不够，积极性不高"等问题。同时，最为重要的用户需求、资金和商业模型的可行性等核心问题依然没被解决。该模式上线半年后，考虑到耗资太高、业务发展一般，岳立华忍痛割爱，解散了兴盛优选前后端 300 多人的团队，只留下两位联合创始人周颖洁和刘辉宇，创始团队决定轻装上阵、谋求改变。

4. "预售+自提"模式阶段（2016 年 8 月至今）

当时，线下便利店是芙蓉兴盛和兴盛优选的核心资源，企业所有的工作目标都围绕便利店展开，虽然前三次的实践都偏离了这个目标，但是每次总结和改进时创始团队都会对此进行探讨。之前三次的失败让他们损失惨重，兴盛优选已经失去了大部分资源，只能牢牢抓住便利店这个不用大量追加投入的资源。

此后的几个月里，周颖洁和刘辉宇深入一线，与店主一起搬货，干起了店员的工作，渐渐地与许多店主成为朋友，切实了解到了门店的需求。对于底层每日辛勤劳作的零售员工来说，店主最大的希望就是获得更多的收入，门店的生意越来越好。电商平台、O2O、前置仓或是颠覆零售业都不是他们关心的问题。这样朴素的认知在任何时候都显得简单、平实、直接和易于理解，但是往往越是朴素就越加真实。

于是，周颖洁和刘辉宇开始在一家便利店进行了试验。同样还是向便利店供应生鲜类的线上商品，但与以往不同的是不再设置仓库，而是用户当天下完单后，次日凌晨采购，早上送货到门店；在履约上，不再送货上门，而是让消费者自行到便利店提货，为门店引流；在商品运营方面，缩小 SKU 规模并以三个商品为主，形成价格优势吸引客户；唯一和互联网相关的是，采用手抄单的方式登记需求，并以微信群作为运营平台和发布渠道。

从 2016 年 8 月到 2017 年 6 月，兴盛优选 4.0 模式的应用拓展到了 62 家门店，团队从 2 人增加到 5 人，订单从每天 2000 个攀升至 20 000 个。新模式的运行效率要高于以往三次尝试，而且基本上没有亏损。此后，兴盛优选先后上线了 H5页面和微信小程序。

在第四次实践中，团队也有了明显的成长。在商品运营上，兴盛优选主要经营三个商品，通过价格优势吸引用户。芙蓉兴盛和兴盛优选过去以批发业务为主，团队大多长期远离零售一线，他们经过数个月在一线的实践后才明白和认识到零售的基本技巧。在互联网认知上，团队也取得长足的进步。比如，不再执着于互联网的形式，手抄单也可以开展互联网业务；没有平台和系统的情况下，微信群也可以开展互联网业务，而且从用户的需求和业务的本质来看，微信群这个平台的效率更高，另外做个网站或 APP 反而是吃力不讨好。这个阶段，兴盛优选的团队才认识并且在零售行业实践了互联网的思维——"小步慢跑，快速迭代""用户需求导向"和"产品经理思维"。但是这种互联网方法论的建立和有意识的实践，兴盛优选团队在 2019 年拿到数亿元融资、招聘了一些互联网从业者后才真正实现。

在第四次实践中，有三点值得深究。

（1）在探索的过程中，兴盛优选尤其执着于门店的原因。

兴盛优选的早期主体是芙蓉兴盛，芙蓉兴盛的核心资产就是便利店。芙蓉兴盛的创始人、董事长岳立华开始做社区团购业务的初衷一方面是担心线下便利店生意受到线上的冲击，另一方面也是希望探明线上业务是不是真的具备发展前景。

但是对于具体的实施方案，岳立华心里也没有明确的答案。岳立华长期生活工作在互联网环境相对落后的湖南，对于互联网和互联网创业的认知大多来源于媒体报道和朋友之间的口耳相传，而这些信息大多是概念性的、似是而非的；对于商业模式理解，往往是模仿现有公司，因此，兴盛优选所有项目的尝试基本都有其他企业项目的影子。虽然根据兴盛优选核心团队的论述，其每次尝试都是立足于企业自身，但本质上还是或多或少受到其他企业、项目的影响。

芙蓉兴盛和兴盛优选的创始团队是在相对落后地区依靠批发生意发展起来的，所以在团队认知中，生意是一步步做起来的，而且应建立在以往的基础之上。另外，在当时相对落后的环境、贫瘠的互联网认知、自身有限的资源和历史惯性下，他们也只能依托门店进行创新。并且在第四次尝试中，兴盛优选在之前损失惨重的局面下资源所剩不多，不需要大量资金投入的便利店资源更显得尤为重要。这就是兴盛优选在探索期为什么紧紧抓住便利店的直接原因和根本原因。

（2）兴盛优选执着于门店与"预售＋自提"模式的关系。

"预售＋自提"模式与门店没有必然关系，因为门店可以采用这种模式，宝妈、微商也可以。事实上，"预售＋自提"模式并非兴盛优选首创，也不是在门店首次运营成功的，而是水果批发商通过在业主 QQ 群中的信息沟通实践中逐步产生。而兴盛优选执着于门店，通过在门店灵活运用该模式验证了其可行性。所以，在社区团购业务的发展历程中，兴盛优选的历史价值主要在于对门店的坚持。

早期的社区团购项目大多选择宝妈作为团长中的核心群体，但是宝妈群体的稳定性、社区影响力、销售能力、转化难度和规模都要逊色于门店店主，所以，大规模的商业活动建立在宝妈群体的基础上是不现实的，同时实践也证明了门店才是社区团购的重要基石。所以，兴盛优选的最终成功其实并不是"预售＋自提"而是"预售＋门店自提"。兴盛优选虽然没有开创原始的理论，但是其创新实践为推动理论发展做出了重大贡献。

（3）"预售＋自提"产生的背景。

从全国的互联网发展背景来看，在 2016 年前后，电商格局基本形成，阿里巴巴独占鳌头，京东依靠差异化割据一方，还有若干垂直电商勉强坚持。彼时电商市场主要的潜在增长点是微信八亿用户的电商化，微信也对此积极布局，希望借此推动微信的商业化。当时有两股势力蛰伏其中：一股是在当时毫无影响但是日后成为霸主的拼多多；另一股是当时呼声高涨但是日渐式微的微商。微商可以细分为在明面上有正规投资公司注资的明星创业公司，如云集共享科技有限公司、爱库存等；还有散落在各地默默经营的小众商家。

微商经营模式可以分为两类：下线囤货式和清库存式。早期的微商只是在微信群或自媒体销售商品，后逐渐发展成以招募会员下线、下线囤货为主的、带有一定传销色彩的运作形式，但随着会员招募越来越难，微商混战，流量见顶，泥沙俱下，部分不良商家的一些骗局逐渐被戳破，价格成为影响销售的主要因素。所以后来又发展出不需要囤货、上游货源就是库存的尾货清仓模式，在这种模式下，微商不需要囤货，只需要利用微信等关系网络进行传播和推广。

在这种行业影响下，长沙许多本地企业希望利用互联网技术迅速学习、模仿并应用于自己所在的行业。一次偶然机会，某水果批发商在业主群成功实践了尾货清仓的模式，深受业主青睐。后来为了实现主动销售，又发展成了预定模式。因为实践者的角色是批发商，批发商通常更关注效率，所以它们为了大批量销售商品可以让渡价格；另外，该模式基本是以小区为单元组织客户和传播信息，因此在小区自提成为基本模式。在上述背景下，兴盛优选的第四次实践在门店应用了该模式——"预售＋自提"。

10.3 兴盛优选的探索时代（2018～2019 年）

兴盛优选在确立基本模式的过程中经历了一系列的挫折和困难，在探索发展的道路上也并非一帆风顺。兴盛优选前期的艰辛探索就像长江在西藏高原的发端，是一条细长、缓慢、随时被阻断的旅程，然而它还要经历"金沙江"和"三峡"的急湍，经历相对平缓、枯燥、看似缺乏目标的"长江中下游段"，然后才能带着泥沙奔入"大海"。

2018～2019 年，是兴盛优选正在经过"金沙江急湍"的阶段，全国有数千个的社区团购创业项目于此时倾覆。2018 年 10 月，兴盛优选上线了微信小程序，门店店主在微信群聊中分享小程序的购买链接，居民点击链接下单。供应商在顾客下单当天将商品配送到共享仓，兴盛优选将商品加工、分拣后，次日凌晨从共享仓配送到网格仓，再由网格仓将订购的商品进一步分拣，并在次日早上或下午甚至晚间，配送到社区门店，门店团长最后根据用户订单再进行一次分拣后，顾客直接到门店按照订单提货，如图 10.1 所示。

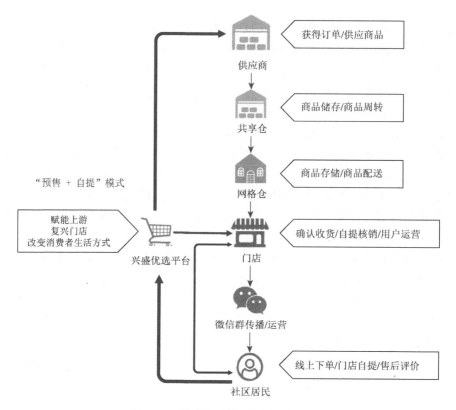

图 10.1　兴盛优选社区团购业务流程

其中，共享仓由兴盛优选自建，网格仓则是采用外包的形式，由当地的货车司机出钱搭建，使得货车司机兼具老板和配送员的角色，减少了平台对物流环节的资产投入，加快了市场扩张的速度。由此，兴盛优选社区团购业务的基本流程、架构和形式得以确立和实现。

兴盛优选同时又进行了如下优化。

在用户体验上坚持次日达，拒绝二日达或三日达。坚持次日达决定了整个社区团购的履约和供应效率，划定了业务规模的天花板。

在商品品类上，改变了以往的"单一爆品供应"的方式，将 SKU 扩展到 200 个左右，涵盖部分畅销水果、蔬菜和快消品。

在销售策略上，依然坚持极致性价比，依靠爆品的极致价格吸引用户，而且持续变更每天的爆品。

在商品规格与团长方面，之前的社区团购只销售水果中的特定商品，而且是按箱销售，还需要团长缴纳 5000 元保证金，这是因为社区团购业务的创始人基本都是当地的老板，几乎没有经受过高等教育和大型商业竞争的洗礼，他们没有资本也不受资本青睐，他们的目标是赚钱，如果不售卖特定商品、不按箱售卖就有亏本的风险，团长不交押金，现金流就可能会断裂。这些创始人属于没有组织、没有纪律、没有支撑、更关心个人销售业绩的地方个体工商户，他们在实践中摸索出来了"预售＋自提"模型，但是囿于自身的局限，又限制着这个模式的发展。兴盛优选改变了原来的整件或者大包售卖的方式，改为零售的散卖，以拓宽客户群体；兴盛优选坚持以门店为主，取消了原来的团长押金，只要符合门店资质的要求即可申请参加，这扩大了团长的来源，为快速扩张解开了枷锁。

在市场扩张上，兴盛优选坚持以区域为核心，快速进入以长沙为中心的多个地级市以及下辖的县城、乡镇地区，后又扩张到了湖南、湖北、江西、广东四个省的十多个地（县）级市，月 GMV 突破 8000 万元。快速开拓的市场通过规模效应反向提高了供应链和履约能力，并且加强了商品的价格优势。

在履约上，因为区域规模远超同行，兴盛优选不得不调整最初的城市供应商直配模型，逐步改成城市仓直配模式，最后改为区域共享仓配送到网格仓，由网格仓再次接力配送的模型。这一点也是兴盛优选做出的历史贡献。

另外，兴盛优选在 2018 年 6 月获得今日资本（厦门）投资咨询有限公司领投与北京金沙江创业投资管理有限公司、北京真格天成投资管理有限公司跟投的数千万美元。后又因为媒体对社区团购赛道和兴盛优选的曝光，以及顶级资本的加持，兴盛优选逐步吸收北京、上海、广州、深圳回湘人才以及长沙当地的优秀人才，这些成员逐步成为兴盛优选的中层管理者和一线执行者。

在兴盛优选这一系列组合行动之下，社区团购赛道脱胎换骨，焕发出了新的生机，逐步发展壮大的社区团购，引起了社会与商界的关注。

在区域战略的影响下，区域的经营规模极大增加，最初的供应商直配和城市仓直配的方式不再有效，于是兴盛优选创造出了供应商配送到共享仓，然后配送到网格仓，最后配送到门店的三级仓配方式。正是因为兴盛优选成功探索出的不同于电商的前置仓、供应商直配、城市仓直配的三级仓配方式，时效高、成本低，与其他方式相比具有明显的优势，因此，社区团购才能迸发出新的蓬勃生命力。

在三级仓配的模式下，兴盛优选在分拣方面也选择了合适的方式，并没有采用电商和前置仓的订单式分拣，而是选择 B2B 配送式的分拣。在订单式分拣中，供应商或者最上游的仓库是按订单分拣货物的，下游的每一个履约环节也是依照每个订单来进行作业。而 B2B 配送式分拣是以 SKU 为维度，忽略订单信息，只关注 SKU 的数量。因为兴盛优选的前身芙蓉兴盛所做的批发业务采用了 B2B 配送式分拣方式，所以兴盛优选在运营过程中沿用了此分拣方式，即共享仓只关心下一级网格仓需要的每个 SKU 的数量，网格仓只关心下一级的门店需要的每个 SKU 的数量，这两级基本不用考虑其他因素。到了门店环节才开始关心订单信息，把多个 SKU 按订单分拣。这种作业方式也是社区团购提升履约效率、实现快速有序分拣的重要途径之一。

兴盛优选在社区团购的发展历程中占有重要的历史地位。兴盛优选对社区团购的基本模式、形式和内容进行了优化组合，虽然很多基础内容并非其原创，但通过兴盛优选的创新融合，社区团购商业模式取得了突破性的进展。

10.4 兴盛优选与巨头大战的时代（2020～2021 年）

10.4.1 巨头入局的背景

2020 年 1 月前后，国内外出现了大规模的新冠疫情，传播极快、危害较大但又暂时没有有效治疗办法的病毒，引起了极大的恐慌。国内城市相继以封控管理有效隔断传播。封城期间，几乎所有车辆和人员都不能自由流动，大部分线下实体门店关闭，线上的电商业务也因为人员和车辆难以便捷流动无法正常运营，特别是无法大规模售卖生鲜等民生物资，出现了供求严重失衡的局面。

社区团购的供应和履约环节大多是在区域内，因此，在相当比例的社会零售停滞的情况下，社区团购还能够有效地组织运行，在各业态的大规模停摆中极为突出。2020 年 1 月至 5 月，兴盛优选的规模增长达到了惊人的 1000% 左右，全年增长达到了 300%。与此同时，全国范围内也再次兴起了社区团购的创业热潮，几千家新的社区团购平台涌现出来。

新冠疫情期间兴盛优选的优秀表现，不仅让行业看到了一个快速成长的零售新模式，更重要的是向社会展示了生鲜等品类在线上销售的可能性，以及新的履约方式改变电商传统快递配送方式的可能性。这已经不是一个简单的商业项目，而是可能引起行业巨变的导火索，不仅会影响商超、便利店的经营，还可能会改变电商行业格局。

在此背景下，2020 年 5 月开始，滴滴、美团、拼多多、阿里巴巴和京东等相继大举入局社区团购市场。多方混战的局面逐步展开，整个过程可分为巨头入局的潜伏期、兴盛优选被动挨打时期、兴盛优选被动防御时期和兴盛优选主动出击时期四个阶段。

10.4.2 巨头入局的潜伏期（2020 年 1 月～2020 年 4 月）

这个阶段兴盛优选的主要业务围绕用户在新冠疫情期间的需求展开，在供不应求的市场环境中组织商品供应和交付，为新冠疫情防控工作保驾护航，兴盛优选的社会影响力得到了显著提升。此时，兴盛优选的快速发展引起了互联网巨头的关注。

互联网巨头在注意到兴盛优选的影响力后，多方搜集兴盛优选的相关材料，派人员前往公司和仓库调研，并与中层和一线人员接洽，全方位地了解了兴盛优选的业务。很快，巨头内部陆续完成了业务研判、立项、组织结构调整、预算准备和核心人员准备等工作。在 2020 年 5 月前后，各巨头陆续官宣进入社区团购赛道，社区团购大战拉开序幕。

10.4.3　兴盛优选被动挨打时期（2020 年 5 月～2020 年 9 月）

在社区团购大战之前，滴滴通过补贴大战，从众多出行公司中脱颖而出并战胜了国际巨头 Uber；美团在千团大战和 O2O 大战中存活，又在与百度、饿了么的外卖大战中取得优势，本地生活业务市场份额的快速增加使美团成为除阿里巴巴和腾讯外，中国估值最高的互联网公司。在阿里巴巴和京东两大巨头把持的电商市场中，另一个巨头拼多多在绝大部分人认为没有空间的情况下成功获得一块万亿级别的零售市场。过去 20 年，互联网是中国经济发展的代表，这三家公司又是互联网行业发展的代表，资金实力极为雄厚。

对于社区团购，巨头不仅要进入社区团购市场，而且还把社区团购业务当作未来发展的方向，各巨头基本上都安排了集团业务的二号负责人全力投入，开始阶段就准备了数十亿元级别的资金（后续实际动用了高达数百亿元的资金）。很快，兴盛优选就与互联网巨头的正规军在正面战场相遇，还不是以往创业公司所遇到的那种"侧面市场相遇，与巨头的非核心部队交战"的局面。

互联网巨头一边招人，一边开始在全国范围内扩张，相继进入了全国中心地区的省会城市、地级市以及部分县城。当时兴盛优选的业务主要集中在湖南、湖北、江西和广东四省，且整体规模较小，巨头也刚刚进入各地的市场，所以在巨大的市场空间里，兴盛优选与巨头还没有出现短兵相接的局面，两者的用户、业务还没有产生太多交集。但是，一场没有硝烟的战争已经悄然爆发。这个阶段的巨头不断招兵买马、调动资源抢空白地盘、强行在当地布置阵地，而兴盛优选囿于竞争的复杂性，不知道如何防御，只能被动挨打。例如，社区团购大战刚开始，互联网巨头就以 3～10 倍原工资的待遇挖走了兴盛优选约 1/3 的中层和一线工作人员，甚至有的地方出现了当地团队被挖空的情况。不仅核心员工出走，员工的配套资源，如供应商和网格仓等开始流失，兴盛优选的社区团购业务受到巨大冲击。此时，兴盛优选的整体实力相较于互联网巨头有较大劣势：从人才构成来看，兴盛优选基础核心业务在于便利店，缺乏互联网行业相关的人才储备，同时互联网巨头的入场采用的是提薪挖人等方式，对兴盛优选组织人才结构的发展产生了较大的影响。从资金储备来看，当时兴盛优选现金储备不足巨头的 1%，并且巨头每年可以通过资本市场等渠道获得持续的资金支持，兴盛优选在资金储备上相对于互联网巨头来说存在较大劣势。从市场份额来看，兴盛优选 2019 年全年 GMV 约为 100 亿元，相对于数千亿元甚至万亿元级别的市场，兴盛优选的市场影响力非常有限。

兴盛优选此时需要从两个方面来化解危机：一方面是见招拆招，解决实际出现的问题，如人员流失；另一方面是要解决两个根本问题，即资本和认知。充裕的资本可以降低人员流失率，在鼓舞士气的同时进一步扩大市场规模。但是资本不能解决所有问题，募集资本的数量还要取决于认知水平。

幸运的是，兴盛优选成功做到了。兴盛优选在 2020 年 7 月、12 月和 2021 年 2 月分别拿到了 8 亿美元、7 亿美元和 30 亿美元的投资，总计约 300 亿元。随后社区团购业务的发展情况也大致与兴盛优选所预料的一致：社区团购大战需要的资金支持是持续且巨量的，但同时业务的优化与发展同样对公司的可持续运营起着关键作用。

10.4.4　兴盛优选被动防御时期（2020 年 10 月～2021 年 1 月）

互联网巨头经过五个月的战略准备过程，在 2020 年 10 月开始加速扩张，进入全国大部分县城和所属乡镇市场，市场扩张范围逐步进入兴盛优选的总部长沙，双方的正面冲突正式开始。

面对巨头疯狂烧钱补贴活动，兴盛优选也开始转变策略，开始开展营销活动，如满 10 元减 3 元、新用户一毛钱领鸡蛋等。这些营销策略的核心目的是稳住兴盛优选自己的用户和市场份额，并且希望能借此机会巩固和扩大市场规模。竞争的迅速加剧使得各类生产要素的成本急剧升高，包括招聘成本、团长开发成本、司机成本、仓库成本、分拣工成本等，如司机这样的短缺而关键的要素之一，成本由 200 元/天上升到 600 元/天。

竞争的白热化不仅体现在社区团购赛道内，夫妻店、商超等其他业态也都在承受着巨大的冲击，尤其是商超的不景气直接导致了其对社区团购业务的严重不满。主流媒体和自媒体加入炒作，引发了"互联网巨头要收割菜贩子""夫妻老婆店要全面倒闭"等舆论，全国上下都为之震动。这种无序的、白热化的行业竞争以及无根据的、情绪化的舆论在 2020 年 12 月和 2021 年 4 月前后引发了政府的监管，并在一定程度上影响了行业进程。

兴盛优选各方面的突发问题和事件越来越多，但是其需要解决的本质问题依然是资本和认知。兴盛优选一方面继续寻找资本，另一方面不断提升整个团队对社区团购业务的认知。综上，这个阶段的兴盛优选处在被动防御阶段。

10.4.5　兴盛优选主动出击时期（2021 年 2 月～2021 年 9 月）

2021 年 2 月，兴盛优选获得 30 亿美元投资后，开始加快业务扩张的步伐，向湖南、湖北、江西、广东外的其他地区渗透，最终扩张到华北、华南、华东全境，以及西北和西南的一部分市场。在业务扩张方面，兴盛优选选择了与巨头正面竞争，大量补贴商品，0.01 元购买商品的爆品活动从新用户专享改为新老用户长期可享，与各巨头针锋相对，活动力度大到顾客购物几乎不用出钱的地步。在扩张市场的同时，兴盛优选通过提高待遇吸引社区团购业务方面的员工、团长、供应商和网格仓老板等加入。

随着业务规模迅速扩张，人员素质、组织能力、业务能力等问题逐渐凸显：活动资金投入逐步攀升，出现管控不足和人员贪腐受贿情况；内外部人员勾结刷单；商品质量大幅下降；团长缺乏培训，业务水平参差不齐等。在实际业务表现上，区域过于分散导致当地业务的供应链能力和履约能力薄弱，与同一市场的巨头相比，严重缺乏竞争力。

在这个过程中，社区团购遇到了行业巨变。政府以"资本无序扩张、扰乱市场秩序"为由开始整顿社区团购市场，整个赛道的竞争热度迅速下降。最终的结果，从业务方面看，相对于互联网巨头，兴盛优选损失较大。开战之前兴盛优选与巨头的业务规模是约 100 亿元比 0；开战一年半后，兴盛优选的规模只有巨头的 1/3 到 1/2。兴盛优选在湖南市场上起主导作用，在湖北、江西、广东是重要参与者，但是在其他省份影响力有限，互联网巨头则在剩余省份占领了主要市场。

这个阶段的特征是竞争空前激烈，影响范围也在互联网发展史上实属罕见，各平台的损失均较大。2020～2021 年，兴盛优选亏损约 100 亿元，多多买菜亏损约 150 亿元，橙心优选亏损约 300 亿元，美团优选亏损约 300 亿元，阿里巴巴、京东、十荟团等企业的社区团购项目分别亏损几十亿元到一百多亿元。整个社区团购行业 2 年亏损约 1000 亿元。

这也印证了兴盛优选的说法，"社区团购大战需要很多钱，没有钱不行，但是光有钱也不解决问题。而且整个战争的持续时间会很长，还有很多业务问题和机会存在"。全国扩张战略的受阻使兴盛优选与相关社区团购公司认识到区域发展战略的重要性，社区团购行业的发展也由快速扩张阶段进入到以控制亏损和优化用户体验为核心的休养生息阶段。

此外，兴盛优选的人员、组织、管理和业务能力也远远落后于巨头。在一年的时间内烧掉百亿级别的资金，这种级别的业务不仅需要大量员工，同时也需要非常精细化的管理作为支撑，这并非当时的兴盛优选能做到的。

10.5　兴盛优选与巨头休养生息的时代（2021～2023 年）

因为亏损规模、行业发展进度、业务自身难度和用户体验等方面存在问题，2021 年 9 月前后，社区团购进入了各企业休养生息的阶段，这个阶段预计持续到 2023 年或者更久之后。

各平台纷纷开始采取措施，开始关注亏损情况，相继控制亏损、提升价格和毛利及降低补贴；开始相继撤仓，收缩区域。例如，美团关闭西北等区域业务，兴盛优选开始收缩湖南、湖北、江西和广东之外地区的业务；对用户体验和行业基本问题的关注提升，如运输时效、SKU 数量、仓配模式和冷链运输等。

互联网发展的基本规律是先通过高额补贴迅速抢占市场，再解决行业盈利和用户体验问题，有明显的阶段性。包括千团大战、社交、资讯、外卖、打车、支付、共享单车、共享充电宝和短视频等在内的电商项目，基本符合上述规律，社区团购同样具有类似的特征。

2021 年下半年开始，社区团购逐渐进入休整时期。从用户规模来看，美团优选和多多买菜分别拥有 2 亿～3 亿个社区团购用户，加上其他平台的历史累积用户，覆盖了社区团购目标用户的一半以上；从市场规模来看，社区团购当前每日订单约 3500 万单（9000 万件），相当于 2021 年京东单量的 270%（1300 万单/日）、网约车单量的 100%（3500 万单/日）、外卖单量的 60%（6000 万单/日）、拼多多单量的 23%（1.5 亿单/日），订单规模上日趋成熟。

从市场范围来看，内陆中心省份的所有省会城市、地级市、县级市及乡镇和边缘省份的所有省会城市、重要地级市和县城基本被社区团购业务覆盖，社区团购是所有互联网业务中渗透最广的业务之一，其渗透率与成熟业务不相上下。从补贴规模和效应来看，社区团购两年补贴金额 1000 亿元左右，金额巨大，补贴资金快速的消耗速度使各个公司在经历快速扩张周期之后逐步选择稳健发展。

从用户的角度来看，社区团购的用户体验远低于线下水平，品牌口碑较差、用户留存度较低。公司层面上，兴盛优选和各巨头内部人员的素养问题、管理问题以及对社区团购用户和社区团购业务理解的问题等仍然存在。行业的核心问题也依旧存在，如仓配导致的 SKU 受限问题、生鲜肉类等品类供应的履约问题和冷链问题。两年来，这些问题一直在不断累积。

综上，社区团购经过剧烈扩张，已经到了不得不调整的阶段。

10.6　兴盛优选的启示

芙蓉兴盛的成功离不开四点：加盟、便利店、边缘市场和区域战略。兴盛优选能够找到并且坚持这些成功的原则，本质上是认知在起作用。

兴盛优选之所以能从众多创业社区团购项目中脱颖而出，首先在于兴盛优选率先对早期社区团购业务进行了商业化、正规化改造，成功实践出了三级仓配模式和 B2B 模式的分拣作业方式。其次是在面对互联网巨头企业的补贴大战等错综复杂的局面时，兴盛优选能够找出关键问题并且解决问题。

芙蓉兴盛之所以放弃商超改做便利店是因为其团队无法与外资和本土大型连锁零售商抗衡，因此选择了更简单、竞争更少的市场。兴盛优选在社区团购业务的首次尝试失败的主要原因在于缺乏互联网思维，虽然在第二次尝试中取得了一定进步，但是团队依然缺乏商业能力，造成了较大损失。经过三年锻炼后，兴盛优选在遇到和社区团购新的创业公司的竞争时就显得游刃有余了，但是相比于经历过全国市场竞争的互联网巨头团队，仍然存在一定的差距。由此可见兴盛优选的发展历史不仅是一部业务发展史，更是一部团队成长史。

社区团购业务发展初期，兴盛优选之所以在社区团购行业中取得较大优势，不仅是因为经营策略的正确性，还是因为兴盛优选拥有来自芙蓉兴盛的整体团队和组织的支持。在湖南地区内，无论是人员数量、素质、稳定性，还是岗位健全性、合理性、人才培养和晋升渠道等，兴盛优选的组织框架与人员素质均处于前列，足够支持其当地业务的发展。但是在 2021 年前后，随着其业务在全国范围内的极速扩张，以及互联网巨头入局导致的竞争陡然升级，兴盛优选的组织结构已无法满足业务快速发展的需要。

美团的高级前副总裁、美团优选早期负责人陈亮在总结美团创新业务的成功因素时提到，"创业业务的成功是组织盈余的体现，没有组织能力的溢出就没有创新业务的成功"，美团和兴盛优选用自身经历都证明了这一点。

10.7　次日达的深层含义

从 2018 年开始，兴盛优选坚持实现商品次日达，尽量避免二日达或三日达。同时期的企业，甚至到 2022 年仍然生存的部分地方性社区团购还在实行二日达或三日达。兴盛优选坚持做次日达，不是因为次日达用户体验比二日达或三日达更具优势，而是由其业务特点决定的。具体来说，履约时效取决于用户的购物习惯、商品构成、履约和供应的特点。

阿里巴巴主要售卖的商品品类包括服装、箱包和化妆品。服装等商品的特点是 SKU 极多，受季节性因素影响大，库存压力非常大，所以不适合大规模本地建仓供货，适合由一仓发往全国，从而缓解库存压力，同时商家能够承担每件 10 元左右的快递成本。着眼履约端，在快递封装完好的情况下商品一般不会受到运输环节的较大影响。因此，阿里巴巴电商推动了"三通一达"网络式的快递履约方式，当前的成本是 2~3 元/包裹，时效是 3~5 天，其中 1~3 天供应商发货出库，1~3 天快递收件、周转运输，再经历 1 天或半天到驿站或小区。

京东发展初期的主要经营商品品类为 3C、电子产品和家电等。3C、电子产品和家电等商品具有价格高、容易损坏等特点，不适合"三通一达"网络式的快递履约。"三通一达"的主营方式为加盟制，管理松散，偷盗和遗失时有发生，作业过程相对粗暴，精密的 3C、电子产品等容易损坏。由于库存压力相对于服装等品类较小，因此允许全国建多仓供货。另外，京东希望通过更快更好的履约服务吸引用户，因此京东选择多地建仓的仓配式快递履约方式，成本是 12 元/包裹，时效是 0.5~2 天。京东仓配式供应链的特点是本地或多地建仓、仓配一体、供应商提前入库、强自动化、强管理、高成本和高时效，与"三通一达"网络式快递模式有区别。

社区团购经营的主要品类是生鲜、米面粮油、酒水饮料等。生鲜商品的特点是不耐储存、易碰损、消费具有短计划性等，所以无法过长时间的运输，只有少数耐储存、不易损坏的生鲜商品，如柑橘类、苹果、土豆等适合快递发货，大部分生鲜无法采用这种供应和履约途径。生鲜产品的另一类特征是单价低、毛利绝对值低，但是体积和重量大，快递成本对商家来说难以承担。

考虑到次日达的消费需求，社区团购在供应上基本需要本地供应，因此很难实现阿里巴巴、拼多多等电商平台的一仓发全国模式。在履约上，为进一步优化时效、降低成本和减少运输过程中商品的损耗，社区团购采用了三级仓配模式和 B2B 分拣作业方法，与"三通一达"网络式快递、京东仓配式快递形成差异，做到了更高的时效（全部次日达）、更低的成本（1 元/件）和对部分生鲜商品的兼容。

总体而言，兴盛优选代表的"三级仓配＋B2B"分拣式履约服务奠定了兴盛优选在社区团购行业的历史地位，这也是兴盛优选坚持次日达、不断优化履约能力的结果。坚持次日达意味着对用户需求的深刻理解，意味着对行业竞争格局的深入洞察，意味着对以供给和履约满足需求的全局把握与细节的掌控。

第 11 章　美团优选案例

11.1　美团公司的起源与发展

2001 年，从清华大学毕业后的王兴，前往美国特拉华大学攻读研究生。正值互联网创业浪潮时期，王兴意识到了互联网蕴藏着巨大商机。2003 年，王兴与同样是清华大学毕业正在中国科学院读研的同学王慧文一起，投身互联网创业。创业团队从社交网络出发先后尝试了社交网络、输入法等多个项目，但大多未达到预期效果。创业团队最终转回社交网络领域，专注于校园社交。

2005 年王兴团队创立的校内网上线，此时，社交网络在国外风生水起，Facebook 的成功展现了社交平台赛道的巨大潜力。同期，国内有几十家类似公司从事社交网络项目，部分公司还拥有雄厚的资本和强大的团队，而王兴团队 30 万元的启动资金历经 2 年艰苦创业后，仅余 3 万元左右，客观条件上其优势不足，投资方也并不看好他们，例如校内网上线期间，王兴曾寻找 360 创始人周鸿祎投资，但是遭到拒绝。

王兴团队在社交网络的诸多创业项目中业务表现突出，但由于缺乏项目资金，团队和项目常处于崩溃边缘。最终校内网被千橡世纪科技发展（北京）有限公司创始人陈一舟收购。根据媒体报道，校内网成交价格大约是 200 万美元。作为互联网连续创业者，王兴与其团队后续又创办饭否网，但由于未管控敏感词传播，饭否网遭到关停。但是饭否网的关停并未阻止王兴与其团队前进的脚步。在进行了诸多社交网络相关项目的创业后，王兴及团队对互联网行业有了更加深入的观察和思考，瞄准了用户的实际需求并发现低成本的扩张方法。

2008 年美国团购网站公司——Groupon 逐步流行，项目估值约百亿美元。2010 年，王兴敏锐地捕捉到团购的价值及其在中国推广的可行性，因此投身到团购项目中，并正式创立美团公司。不仅王兴团队发现了团购项目的发展前景，众多创业者也纷纷下场开展业务，项目的竞争最终演变为中国互联网历史上的一场著名战役——千团大战。这场大战以参与团队众多、资本众多、竞争惨烈和影响巨大而闻名。

美团能在千团大战中取得成功，有王兴团队背后资本实力的支持，也有团队人员的认知能力与学习能力在发挥作用。例如，王兴和王慧文等在业务发展前期判断，团购大战终将到来，且需要足够的资金支持，如果贸然跟进，资金利用效率会较低，因此，最佳的策略是时刻保持最高的资金利用效率，等待竞争形势缓和。基于领导者出色的认知和学习能力，美团没有急于进入烧钱阶段，而是逐步完善团队、组织、业务和资金等方面的建设，最终成为千团大战的幸存者。

在千团大战胜利前后，美团开展了线上电影票订购业务（猫眼电影），并占据行业领先地位；进入了酒店旅游线上订票市场，并迅猛发展；外卖业务后发先至，行业占有率逐步超过百度和饿了么等外卖平台；并购共享单车企业、进入共享充电宝行业，使其融入美团生态系统。到 2020 年，美团已经成为继腾讯和阿里巴巴之后，国内估值总额排名第三的互联网企业，顶峰时期在资本市场上估值达到万亿元。当然，美团的成长之路也并不是一帆风顺的，发展过程中也有许多失败项目。例如，云计算领域的"美团云"、早期探索的商品团购项目、生鲜超市项目"大象生鲜"以及外卖领域的"美团早餐"项目等。

美团公司对行业发展的时机把握能力与对整体认知的洞察力较强。企业初创时期，创业方向选择社交网络、社交媒体与团购网站等行业市场前景广阔的赛道；企业在发展过程中，对行业认知深刻，如在千团大战中提出"要保持不掉队，要提高资金利用率"的发展方针，在外卖行业竞争中提出"做好履约，建设骑手队伍"的策略，事后分析，这些决策均具有前瞻性与决定性的意义。

经过多年发展，美团在本地生活领域具有十分明显的市场优势。作为中国领先的生活服务类电子商务平台，集团公司拥有美团、大众点评、美团外卖等消费者熟知的手机应用，服务涵盖餐饮、外卖、生鲜零售、打车、共享单车、酒店旅游、电影和休闲娱乐等 200 多个领域，业务覆盖国内 2800 多个区县。

在用户层面，截至 2021 年 12 月 31 日，美团交易用户数为 6.9 亿人，较上年同期增长 35.2%，外卖业务持续覆盖下沉市场，推动形成了新一轮的消费热潮。2021 年国庆期间，全国县级区域外卖订单量同比增长 35%，增速超过了全国前十的城市地区。与此同时，美团外卖 2021 年第四季度单日峰值订单量突破 5000 万单，县域用户的增加成为美团外卖整体增长的主要动力。

美团外卖消费者特征与社区团购的目标用户在收入、年龄和需求等方面具有一定的互补性，因此美团社区团购业务的开展能够与其主站业务产生联动，在相互作用中助推业务快速发展。截至 2021 年底，美团的社区团购业务——美团优选已经覆盖全国大部分区县，数量超过 2000 个。美团对社区团购业务的投入有着坚定的决心和长期的耐心。

美团社区团购业务的开展具有一定的基础。美团的战术能力、地推能力和组织能力均经历过千团大战等的实战磨砺，因此在开展社区团购业务时，美团能够快速在全国拓展业务，组建团队并保持组织的基本稳定；开城阶段锁定人口基数大、消费能力强的广东、河南与江苏等省份，快速建立地域壁垒；完善的机制和果断的决策能力助推其对业务策略方向的精准把握。

11.2 美团优选业务介绍

美团正在积极布局实现大零售的设想。2021 年 9 月，美团将战略从 "Food + Platform" 升级为 "零售 + 科技"，并推出了一系列变革。比如，成立由王兴、陈亮等五名核心高管组成的特别小组，负责零售相关业务，将零售的战略地位提升到更加重要的高度。美团不仅想要入局实体零售电商，更希望通过落地零售电商的基础设施建设，成为零售领域的有力竞争者之一。

零售电商新基建的这个想法在美团成立初期就已萌生，当时美团还在做本地团购业务。团购业务的逻辑是与当地商家合作，提高商家客流量，商家由于客流量的提高而给予消费者折扣。对商家而言，参与团购能带来稳定的销量和流量，实现薄利多销；对于用户而言，参与团购能享受到一折至九折不等的价格优惠。团购业务实现了多方共赢，所以一经提出就受到了互联网和投资圈的追捧。

团购业务虽然对促进服务类的产品销售的效果明显，但对实体产品效果并不显著，如生鲜、服装衣帽、美妆、箱包等。这是因为本地商家提供的实体商品大多来自本地的一、二级批发商，批发商的商品来自工厂，要经过多个环节加价，因此，本地商家所提供价格的竞争力有限，即使进行团购活动，由于已经历多个环节的流转加价，让利空间不足，产品价格竞争力仍不如电商端的工厂或批发商。

此外，服务类、体验类产品只能在本地生产、购买、体验，如理发、吃饭、游玩，所以无法实现线上下单、全国供应。因此，最终结果是电商承接实体商品的线上化，在美团上团购后的到店模式（团购的演化版本）承接服务业务的线上化。

随着团购业务的蓬勃发展，美团逐步拓展实体零售业务。2016 年，美团与华润旗下的投资公司共同合作，双方希望通过战略合作探索外卖平台的 "互联网 + 零售" 业务，即华润万家、苏果超市有限公司、Ole、VanGO 便利店和太平洋咖啡等入驻美团外卖平台，消费者点单即可享受半小时送达服务的业务。2018 年，美团推出了小象生鲜，开始探索线下实体商超业务，对标阿里巴巴的盒马鲜生。2019 年，美团推出了前置仓业务——美团买菜，对标叮咚买菜和每日优鲜。与华润合作逐步演化成美团闪送业务，合作对象扩展为同城零售商家。美团买菜至今仍处于探索之中，而早期的同城商品团购和小象生鲜业务已关停。2020 年，由于兴盛优选在社区团购业务中的开创性探索和良好业绩，以及美团对社区团购业务未来市场空间的判断，美团成立了美团优选事业部，正式进入社区团购赛道。

11.3　美团优选的发展历程

11.3.1　美团优选的启动（2020 年 1 月～2020 年 4 月）

美团优选的启动可分为两个阶段——2019 年的战投时期和 2020 年的准备时期。美团在成长的过程中，一直秉持通过投资和收购扩展业务的策略，如 2018 年通过收购北京摩拜科技有限公司来扩展共享单车的业务。2018 年，兴盛优选进入社区团购赛道，销售规模与注册人数的日益增长，吸引了大量资本的注意。2019 年前后，美团战投部人员关注到了社区团购行业和兴盛优选项目，但由于美团内部对项目意见未达成一致，最终没有进行战略投资。

社区团购发展初期，SKU 大多在 200 个以内，品类数量相当于小型便利店货物数量的 1/5 和大型自动售卖机的 SKU 数量，市场空间较小。2020 年新冠疫情暴发，绝大部分行业发展受挫，兴盛优选的社区团购业务却迅速崛起，美团立即启动项目调研，经过三个月的研究判断，美团认为社区团购业务是未来企业发展的创新动力之一，因此开启社区团购业务，步入快速扩张的阶段。

11.3.2　美团优选的快速扩张（2020 年 5 月～2021 年 12 月）

1. 初期尝试阶段（2020 年 5 月～2020 年 8 月）

项目建设初期，美团优选实施"边打边走"的核心战略，招募了数千名新员工，美团公司在内部也鼓励员工进入美团优选，并制定了美团优选的企业工作流程与组织构架；在外部招募了供应商、仓配加盟商、第三方地推团队以及社区团购的团长。业务发展初期，美团优选快速完成了供应商的初步筛查、意向确认和必要的合作手续等工作。地域范围上，美团优选在全国 20 多个省会城市与核心地级市开展社区团购业务，并未开拓大部分县级市场，销售规模每日在 100 万～300 万件。初期尝试阶段结束，美团优选经过研究判断，确定全国扩张战略。

2. 全速行军阶段（2020 年 9 月～2020 年 11 月）

项目初期结束后，美团优选在业务上继续提速，将地域范围扩张到全国大部分县市、绝大部分省会城市和地级市，运营规模提升到 1000 万件/日。但由于扩张迅速，美团优选业务发展基础较为薄弱，业务数据波动较大，运营规模数据借鉴意义有限。一方面，全国快速扩张策略的实施确实可以为企业带来较大的市场规模，但另一方面规模的快速扩张也为产品的质量控制、管理流程带来了巨大压力，成本与亏损也同时增长。

美团优选在市场端通过补贴与价格战快速占领并开拓市场，如推出 0.1 元购活动。大部分生鲜商品补贴后价格可低至 1 元/斤左右，大型流通商品价格补贴后价格低于商场价格的 50%，如蒙牛的常温牛奶和王老吉饮品等。为避免商品单价过高，美团优选将商品分装售卖，或将生鲜商品分拆为 100 克或 250 克的标准出售。在供给和履约端，美团优选为供应商、仓配加盟商、司机、分拣工、团长以及地推团队提供优厚待遇：对供应商基本做到不压价和及时付款；仓库租金有时出现翻倍情况；司机工资可达到原来的 2~4 倍；分拣工工资较原来上涨一倍，网格仓价格达到 0.9 元/件；团长最高佣金可达销售额的 10%~15%；地推人员薪酬较同行从业人员高 50%。

公司的内部管理上，美团采用了相对严格的全链条的管控措施，但仍出现关键岗位人员贪腐、第三方人员恶意刷单套取资金、供应商和网格仓加盟商刷单套取资金或伪造业绩等情况。在项目发展中期，美团优选规模约为兴盛优选规模的20%，兴盛优选的规模是商超行业的 1%左右。总的来看，社区团购仍然拥有巨大的市场潜力。

3. 饱和攻击阶段（2020 年 12 月~2021 年 12 月）

随着市场规模的逐步扩大，美团优选的亏损率与补贴率等指标下降。但由于营收基数的增加，亏损金额由原来日亏损百万元逐步扩展至日亏损千万元甚至上亿元。与此同时，各社区团购平台竞争越发激烈，大都出现大规模的亏损情况。社区团购行业市场竞争的长期性与大规模亏损的特性已超过部分企业的心理预期和准备，能够坚持长期运营的企业则逐步占领竞争对手的市场份额，如同程生活、食享会等。业务长期快速扩张的背后是对团队或企业组织和管理的考验，同时，部分企业运营中存在内外部贪腐、刷单和无效销售的行为，这将阻碍企业的发展，甚至使企业失去在市场中角逐的资格。

经过 2020 年 12 月至 2021 年 9 月三个季度的竞争，部分企业退出市场。2021 年第四季度行业营收规模增加、总体亏损额降低，各社区团购平台陆续结束疯狂的价格战，快速扩张结束。在扩张期的尾声，美团和拼多多将社区团购业务体量稳步提升至 2000 万件/日到 3000 万件/日，GMV 在 5000 万元/日到 1 亿元/日的水平。美团优选用一年半的时间完成了很多社区团购企业数年的业务积累。市场规模的快速扩张同样代表着亏损金额的增加，在 2020 年、2021 年两年时间里，兴盛优选亏损约 100 亿元，多多买菜亏损了约 150 亿元，橙心优选亏损约 300 亿元，美团优选亏损了约 300 亿元。阿里巴巴、京东和十荟团等企业的社区团购项目分别亏损几十亿元到一百多亿元左右。整个社区团购行业 2 年亏损约 1000 亿元，这种代价是零售发展史上少见的。从行业发展来看，社区团购一年半的亏损（如果从 2018 年兴盛优选开展社区团购业务计算则为 4 年）相当于京东 22 年、滴滴 9 年、美团外卖 7 年或者拼多多 4 年消耗的资本金额。除了资金方面的亏损外，人员组织方面的管理也存在问题。在人员招聘方面，美团需要在短时间内从全国二十多个省份招募 5000 人左右的团队开展社区团购业务，人员数量庞大且岗位门类繁多，其中包括采购、运营、库管、商业分析、地推和渠道经理等。为解决人员招募问题，美团采用高薪聘请与快进快出的策略，高薪聘请策略即提供的薪酬往往高出市场价 50%左右，并放宽招聘考核条件、缩短应聘周期，通过业务实践遴选符合要求的员工留用。然而，快速招聘的弊端慢慢在企业中浮现，如机构臃肿、效率低下、小利益集体和贪腐等问题。此类问题往往需要长时间化解，同样也会对企业未来的发展造成较大影响。

在组织管理方面，为在短时间内完成从 0 到 1 的企业团队组建，保证全国数量庞杂的供应商、网格仓加盟商、干线运输商和大仓运营商业务的正常有序运行，美团优选采用了集权式组织结构。美团将社区团购业务分解为战略合作、区域经营、商品经营、物流、商业分析、平台产品、平台技术和内控监察等模块，设立总部职能部门直接统管全国各地方的业务，不再在各地设立统一负责人。在政策和作业流程方面，全国采用统一标准。垂直管理与标准化作业的方式在一定程度上解决了贪腐、地方利益团体的问题，提升了工作效率并改进了人员培训管理流程。

集权式组织结构帮助美团优选在社区团购业务激烈竞争阶段取得了较为优异的战果，相对于拼多多而言，美团对结果、数据、过程、方法、人员和业务等方面的管控更加精细，在供应、履约、渠道上也取得了更加稳定、持久和规范的效果。拼多多因为有海量公域流量的引导，工作难度相对较低，因此拼多多与美团优选在社区团购领域实行的是不同的战略。

集权式组织结构在业务快速扩张期具有显著的积极作用，但鉴于社区团购业务属于区域性业务，业务的发展与优化往往需要结合本地属性进行改进，需要兼顾组织的灵活性。因此，美团优选的组织架构随后调整为"总部职能式＋大区负责人"的制度，如图 11.1 所示，以大区为基础增加了区域负责人，区域负责人对业务、政策和工作有一定的管理权力与责任。随着管理制度的完善，美团优选将更加适应一线业务的竞争需求。

在扩张期结束后，美团优选和多多买菜将业务体量稳定提升到约 3000 万件/日、GMV2 亿～3 亿元/日。美团优选和多多买菜的发展成果相当于京东 1998 年到 2021 年、滴滴 2012 到 2021 年、美团外卖 2013 年到 2019 年、拼多多 2015 年到 2018 年的发展成果。各业态 2015～2021 年的日均单量比较如图 11.2 所示。

图 11.1　美团优选 2021 年末组织架构图

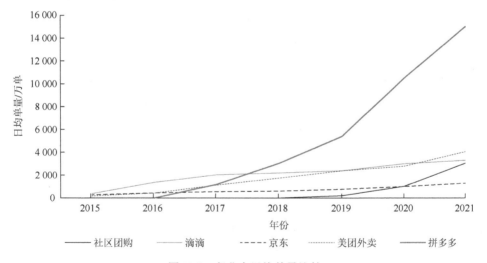

图 11.2　各业态日均单量比较

为什么多家社区团购企业在这个时间段选择全国性快速扩张呢？橙心优选、美团优选、多多买菜在 2020 年 5 月至 7 月先后完成立项，均选择全国化快速扩张策略，十荟团和兴盛优选获得融资后也立即启动了全国化快速扩张进程，阿里巴巴和京东在尝试扶持不同内部创业团队与对外投资后，同样选择了全国化的快速扩张策略。十荟团资金有限，扩张范围较小；兴盛优选资金较为充裕，但后续资金来源仍未确定，故扩张范围也维持在较小限度内；阿里巴巴和京东资金充裕，但社区团购业务在集团内部优先级不足，组织架构仍在调整阶段，投入资源受到制约，竞争对手在社区团购业务的先发优势使其扩张受阻，故扩张范围有限。综合而言，各社区团购公司虽然在资金规模和公司体量上存在较大差异，但大多选择了全国化扩张战略，主要有以下几个原因。

首先是当时对社区团购业务重要性的认知。2018 年前后，创业群体、投资群体和媒体普遍认为社区团购"自提＋预售"的零售方式是对当前零售行业的颠覆式创新，将成为零售行业的第三极，即形成实体、电商和社区团购三足鼎立的局面。2020 年，大规模社区团购业务的开创者兴盛优选的优异业绩表现，使市场和诸多企业普遍认为社区团购蕴含万亿市场机会，是当前稳定的互联网市场格局下罕见的蓝海机会。因此，各公司对社区团购业务投资较大。

其次是对社区团购业务特点的认知。2020 年前后，业务模式新颖的社区团购逐步成为市场关注的重点。部分公司将社区团购视为互联网项目，具有轻资产、快速扩张等特性，部分公司认识到社区团购需要完善的仓配、供应链支持，生鲜商品难以管理等问题，它们认识到这些问题将导致社区团购发展难度较高，发展进程较慢，但是它们认为在大量资金和资源加持下也许可以解决这些问题。

最后是对抢占市场优势的认知。根据商业惯例，大部分市场都具备先发优势效应，这一效应在互联网和实体商业中同样成立。例如，在米聊与微信的市场竞争中，当用户量级只有千万级时，雷军意识到由于扩展速度较慢，米聊未能占领市场先机，将远落后于微信。同样，打车大战、共享单车大战和短视频大战中，大多企业主体都以增速为核心，以提高市场占有率、构建先发优势为主要目标。在实体商业中，2006 年前后的华联超市等商超行业、2020 年的广州市钱大妈农产品有限公司、2022 年的便利蜂商贸有限公司都采取了向全国快速扩张的策略。商业世界的先发优势逻辑基础相同，即优先抢占市场，以实现供给和需求的双轮驱动，依靠规模优势取得经营优势。

美团在外卖市场的先发优势使得"后进入者需要 3 倍的投入才能取得相同的效果"，这一点在社区团购行业同样适用。例如，占整体市场约 10% 的淘菜菜用更高的补贴和更好的服务体验也无法抢夺美团优选与多多买菜的市场份额。

基于业务重要性、业务特征和先发优势的认知，许多企业都选择快速全国化扩张的策略。

然而，不同于其他业务模式的是，社区团购中采取快速全国化扩张的策略在实践中纷纷遭遇失败。十荟团、橙心优选的没落，京喜拼拼后劲不足，兴盛优选收缩区域重归湖南、湖北、江西和广东四省，美团优选关闭边缘省份业务，这些实践证明快速全国化扩张策略存在亟待解决的问题。为什么快速全国化扩张的策略会失败？其原因可能在于社区团购业务的自身特点和竞争因素。

一方面，各个业务都有各自的特点，业务相关的策略执行是否成功取决于其与业务特点是否匹配。例如，对于政府业务和大客户业务实行全国快速扩张策略是不适宜的，因为此类业务需要较长时间的沟通与较为烦琐的协调流程，相应项目的设立需要与当地政府年度预算相契合，一般情况下，从项目的设立到实施完成需要 2～5 年时间。如果选择全国快速扩张战略，各个项目投入时间较长，资金周转较慢，将对公司长期可持续经营的能力带来重大挑战。社区团购业务的发展也具有相似的特征，如区域性特征、资金需求量大和基础建设仍处于起步阶段等。最重要的是社区团购的仓配模式亟须改进，还无法支撑数千亿的市场规模。

另一方面，竞争会在业绩和成本两个方面影响业务。就社区团购而言，在过去一年半的快速扩张中，企业经常遇到的情况是"竞争对手做活动，其业绩快速上升，同时其他同行企业业绩快速下滑"。由于激烈的市场竞争，行业中各企业对各种资源要素的需求急剧上升，相应的成本将较平时增加 100%～300% 不等，这导致相同的业绩需要数倍的成本，也就是说相同的成本只能贡献几分之一的业绩。竞争对手的存在使业绩上升存在压力，成本压缩存在掣肘，这也是全国快速扩张战略无法成功的原因之一。

但同时需要正视的是，快速全国化扩张的策略是难以避免的。兴盛优选的发展使同行企业意识到社区团购的巨大潜力，蓝海市场使得竞争者蜂拥而至，但各平台均需要经历红海的洗礼才得以重新冷静思考行业的发展规律。

11.3.3　美团优选的休养生息（2022 年至今）

2022 年 4 月后，美团优选启动大范围的撤仓行动，相继关停新疆、内蒙古、甘肃和宁夏等地的大仓，美团优选退出当地市场，业务集中到核心的约 20 个省份，此举也标志着其扩张期的结束。美团优选首先从规模较小、单仓规模日均 10 万件左右的地区撤出。同时美团优选启动裁员流程，大约有 20% 人员被优化。收入方面，美团优选坚持提升产品单价与毛利水平，减少亏损。成本费用方面，美团优选持续压缩履约成本和团长成本。行业内其他企业同样采取相似的策略，如京东社区团购业务由九个省市收缩至北京、山东、河北和湖北四个省市，兴盛优选从十多个省份收缩至以湖南、湖北、江西和广东四个省份为主的区域。

撤仓行为可能对美团业务的发展具有双重作用。一方面，美团优选可以集中资源投入到经济效益较好的区域，不仅有利于控制亏损，且可能在当地发展出相对优势，为长期的胜出或者对抗做好准备。撤仓省份业务份额占美团社区团购业务比例为 5%～10%，发展空间有限。集中精力发展业务占比高、未来发展潜力大、成本费用较低的地区，更可能帮助企业实现长期发展。另一方面，美团撤出边缘省份，该部分市场份额大多被多多买菜等平台占领，多多买菜相对而言拥有更大的市场掌控力。而规模扩大可能有利于盈利，通过盈利的地区补贴不盈利区域，多多买菜可能逐步压缩美团优选的市场空间。

美团优选执行边缘省份撤仓战略后，与多多买菜发展方向发生变化：美团优选趋向在核心地区和辅助地区进行高标准建设，多多买菜选择在核心地区、辅助地区和边缘地区进行低标准建设。因此，美团优选当前的关仓策略并不代表其在社区团购业务的失利，而是符合客观规律、当前的发展趋势和长期的区域性属性的理性抉择。从关仓地点运营数据来看，如果关仓点运营规模不超过日均 30 万件，关仓行为属于正常调整；如果关仓点运营规模超过日均 30 万件，这说明公司运营可能出现问题；如果关仓点运营规模超过日均 50 万件，说明美团优选有可能迈向失败边缘；如果关仓点运营规模超过日均 100 万件，则说明美团优选的项目及战略失败。从时间线可明显发现，2022 年 6 月前后，美团优选关仓行动结束，完成区域调整。

美团在团购大战和外卖市场上都存在过关闭部分地区业务的策略，舆论的渲染使得市场风声鹤唳。但事实证明，美团当时的收缩战略是其成功的核心原因之一，即根据业务的实际发展需要，评估各地区市场价值和匹配资源，从而通过精细化的管理保持长期运营。与美团优选战略不同，多多买菜具有主站流量较大和引流成本较低等优势，因此执行持续扩张的战略更有优势。但在供应链、物流履约和生鲜品类布局建设方面，多多买菜与美团优选差距较大。因此，总体而言多多买菜投入较少，亏损同样较小，因此可以维持在边缘地区的扩张战略。

随着市场扩张阶段的结束，美团的企业目标也从追求规模和市场占有率转变为提升用户体验、强化公司运营和提高企业盈利能力。具体措施如下：在亏损方面，在保证规模以较高速度增长的同时，亏损总额持续以较快的速度下降，争取在 2023 年前后实现局部盈亏平衡，在 2025 年前后实现整体盈亏平衡。在用户体验方面，配送时效期望实现次日 11 点前全部送达。在产品种类方面，SKU 数量增加至 5000 个左右。在服务体验上，解决团长因收入低、服务意愿不足，最终影响用户体验的问题。在行业基本问题方面，尝试解决夏季供应和履约难题，如冷链问题、生鲜等品类的供应和履约问题，继续优化履约和供应能力，提高运营效率等。在公司能力方面，提高组织与业务的匹配度，提高人员能力和优化人员结构等。

11.4 美团外卖发展对社区团购业务发展的启示

外卖业务发展过程中订单密度、配送时效、成本和收入的变化对组织社区团购业务也具有启示意义。

外卖的订单密度在不同时期作用不同。2015 年到 2018 年，美团外卖的订单规模从日均 170 万单提升到日均 1700 万单，市场占有率从 25%提升到 50%，美团骑手的单次成本从十多元降低到七元多，降幅非常显著。从 2018 年到 2021 年，美团外卖的订单规模从日均 1700 万单增长到日均 4000 万单，市场占有率从 50%增长到 75%，但此时美团的骑手成本在 7.2 元到 7.5 元之间波动，同时期饿了么比美团骑手成本微高。这表明，订单密度达到一定程度后，骑手成本的下降到了瓶颈期，订单密度的提升对降低骑手成本不再有效。

从 2018 年到 2021 年，美团配送的时效也在提升，大约从 40 分钟/单提升至 30 分钟/单，提升了 25%。同时期美团骑手时效要比饿了么快 5～10 分钟。2015 年至 2021 年，骑手数量增长数倍，从几十万人增长到几百万人。骑手已经成为重要的基础岗位，而且工资相对于其他基础岗位来说更加丰厚，在外卖市场快速发展的保障中起到了重要作用。以上数据反映的是全国的总体水平，如果从单个站点来看，大体情况类似。

订单密度对成本和时效在不同时期有不同作用。业务发展初期，订单密度的提高对降低成本、提高时效具有重要作用；当订单量到达一定密度阈值后，其对降低成本的影响有限，只对时效优化有一定作用；当订单密度进一步增加时，其对时效的作用也逐步降低。业务全过程中，订单密度对提高骑手积极性和保障运力具有重要意义，在外卖市场的大规模快速发展中起到了基石作用。

成本的影响是决定性的，几乎决定了外卖行业的生死，在此不再赘述。时效在外卖竞争中也起到了重要作用。美团外卖和饿了么相比在用户与服务内容方面高度同质化，两家的差异主要体现在商家供给和履约时效上。在 2018 年前后，美团外卖和饿了么的区别较小，双方在竞争实力方面没有明显差异。在此之后，随着美团外卖规模和市场占有率的日益增长，其配送时效相较于饿了么逐步提升。作为主要负责人之一的王莆中负责外卖配送环节，他认为"做好外卖的核心是做好履约，做好履约的关键就是送得更快，这是美团外卖取胜的原因"。最终的结果是美团外卖获胜，王莆中成为外卖业务的负责人。王莆中的晋升、总结的经验以及美团外卖业务市场占有率与时效同步提升的事实也意味着时效可能是外卖行业的核心要素。

收入在不同时期的表现和作用也不相同。如表 11.1 所示，从 2015 年到 2021 年，外卖的客单价由 24 元上升至 48 元，单均抽佣率从 1.0% 增长到 14.0%，每笔订单的收入从 0.24 元增加至 6.80 元，同时骑手成本从每单十多元减少到 7～8 元。这个时期收入和成本都在显著优化。

表 11.1 美团外卖的发展历程

项目	2015 年	2016 年	2017 年	2018 年	2019 年	2020 年	2021 年
单均价/元	24	37	42	44	45	48	48
单均抽佣率	1.0%	9.0%	12.3%	13.5%	14.0%	13.6%	14.0%
单均收入/元	0.24	3.33	5.10	6.00	6.30	6.50	6.80
骑手成本/（元/单）	应该高于 7.5，可能为 10			7.5	7.2	7.4	7.4
在线营销收入占比		0.1%	0.4%	0.8%	1.3%	1.5%	1.6%
日订单规模/万单	175	434	1121	1752	2390	2780	4060

从 2018 年至 2021 年,外卖的客单价从 44 元稳步增长到 48 元,增长了约 9%,单均抽佣率在 13.5%～14.0%,单均收入从 6 元增长到 6.8 元,增长了约 13%。收入的持续增长提高了利润,成本几乎没有进一步改进的空间,因此让外卖行业盈利的是营收的持续增长。

互联网业务的生命周期有两个阶段,一个是高速增长的发展初期,这个阶段的收入低、成本高,增长空间最大,主要依靠业务驱动;另一个是中高速增长的发展中期,这个阶段收入较高、成本较低,增长空间有限,主要依靠增加营收来产生利润。

在外卖行业,客单价、抽佣率、骑手成本是影响企业盈利的三大主要因素。在行业发展的初期,为了提高市场规模,平台选择了以价格为导向的市场、用户和供应策略,放弃对商家抽佣,选择向骑手支付高额的成本。但随着市场规模的迅速增长,订单密度提高,企业进入发展中期,骑手成本的下降速度明显放缓,缩减骑手成本逐渐失去意义。尽管客单价不再具备像外卖行业发展前期那样的发展潜力,但仍存在一定的发展空间,在客单价和抽佣率的缓慢提升下,平台实现了最终的盈利。在这一进程中,客单价是扭亏为盈的决定性因素。客单价提升的核心驱动力是运营策略的变化、品牌商家的加入以及用户习惯的培育。

收入模式和构成对于发展来说也十分重要。从 2016 年至 2021 年,网络营销收入逐步提升,在 GMV 中所占的份额达到 1.6%,总规模达到 116 亿元。美团外卖在 2021 年只有 62 亿元的净利润,如果没有网络营销的收入,外卖业务近似于亏损。网络营销收入既是平台外卖抽佣外的重要收入来源,也是外卖行业发展初期未考虑到的一种盈利模式。

美团外卖业务的发展历程对社区团购的发展有如下启示。

从社区团购的发展阶段和周期来看,2021 年底前的社区团购形势与 2018 年前的外卖行业形势颇为相似,同处于业务生命周期的早期阶段,在 2020 年至 2021 年末,社区团购的成本显著降低、收入明显提高,仓配成本从 1.8 元/件迅速降低到 1 元/件,缩减了约 44%;毛利从负几个点提升为 8 个点左右;补贴从十多个点迅速降低到几个点。2022 年后,企业进入成本下降速度放缓的阶段,而收入增长仍有较大的发展空间。未来平台主要的空间在收入端,如毛利和件单价等的上涨。

订单密度对于成本降低的影响仍然存在,但是影响的效果将不再突出。具体的表现为,未来仓配只有 0.2 元的下降空间,但降幅高达 20%;团长成本仅有 0.25 元的下降空间,但降幅达 33%。相比 2020～2021 年而言降幅较小,但是依然有一定的下降空间。订单密度对时效的作用也依然显著。2022 年,次日 11 点前送达率在 60%～70%,相比达到 100% 的理想状态,仍然具有较大的提升空间。

11.5　提升毛利与件单价的路径

提升平台的毛利分为以下三个阶段。

第一阶段是从 2020 年初至 2021 年 9 月，这是一个快速扩张的时期，毛利率从负几个点提升到约为 8%。在这个时期里，毛利率的提升不需要依赖其他环节。因为商超、便利店、农贸市场和夫妻店的毛利率大多在 20%～40%，社区团购平台将毛利率从负提升到 8%，并不需要太多的额外方式，只需要直接提高利润就能够实现。在这一阶段，美团优选的具体策略是按照不同的品类分别制定不同的毛利率要求，由供应商确定售价，平台只需扣除一定的毛利即可。多多买菜的策略也是根据不同的品类确定不同的最低毛利，但不是供应商定价、平台统一扣点的模式，而是平台统一定价、按照最低毛利要求双方协商的模式。

第二阶段是从 2021 年 9 月至 2023 年，这个阶段属于休养生息的时期，平台的毛利率从 8% 提升到 15%～18%。在这个阶段，提高利润的途径有：直接提高毛利率、提升用户体验、优化运营和营销策略、培育用户消费习惯、调整商品结构、开拓新的商品品类、调整毛利的提升方式、提高商品供给品质、优化供应商结构和降低供应商的供货成本。

能够直接提高毛利率主要是由于目前的毛利基数相对较低，即使牺牲了一定的增长速度，仍有继续提高毛利的空间。

提升用户体验是指优化消费者在平台上的购物体验，使线上体验与线下体验相近，或者让消费者接受目前的购物体验，而不会对价格优惠抱有过多的期待。社区团购平台的用户体验问题较多，商品具有一定的价格优势才能让消费者容忍消费体验的差距。消费体验的不断提升主要表现在履约时效、产品质量、团长服务和品质稳定性等方面的优化，用户对价格差的期望开始降低，逐渐接受毛利正常的商品。

优化运营和营销策略是指通过数据与经验的积累，让用户产生社区团购商品质优价廉印象的同时，仍然保有一定的盈利空间。这需要员工素质、经验、营销工具和用户数据等多个方面的积累，也是零售业和社区团购行业最核心的竞争力。

培育用户消费习惯是指平台经过对消费者长时间的价格认知培养、购物体验培养，塑造消费者的习惯和认知，让消费者愿意接受正常毛利甚至是高毛利的商品。

调整商品结构包括调节高毛利品和低毛利品的占比、规模品和利润品的占比、引流品和常规品的占比、生鲜与非生鲜商品的占比、高品质与低品质商品占比、新品和成熟品占比、白牌和一线品牌占比、高单价品和低单价品占比等，从而实现商品综合毛利的提升。

开拓新的商品品类是指将高毛利的商品纳入进来，并且提高其销售额在 GMV 中的占比，如服装、电子产品、保健品、母婴等品类，都存在进一步挖掘和深入的空间。总之，平台应通过吸纳新的高毛利品类来增加商品的整体利润。

调整毛利的提升方式是指改变美团目前按照产品品类设定毛利率的一刀切模式，细化毛利率要求。例如，美团将休闲食品的毛利率统一设定为 25%，但事实上，休闲食品类目里也有流量品和高毛利品，一刀切的方式并不利于扩张规模和提升毛利，只是受限于当前平台有限的精力和资源，被迫选择粗放式管理。

提高商品供给品质是指提高商品质量，将商品质量提升到线下同等水平，这样才能获取正常的利润。

优化供应商结构是指降低二级经销商的供货比例，提升一级经销商、产地经销商和品牌经销商的供货比例。2022 年，主流供货商还是厂家的一级经销商和二级经销商，两者大概占比 60% 和 40%，一级经销商的比例一般不会超过 70%。

降低供应商的供货成本是指通过调整中心仓模式，即由原来的一个省 3～5 个中心仓变为 1～2 个中心仓，使供应商的供货更加集中，从而削减供应商的供货成本、降低售价、提升平台毛利。这两种不同模式的供货成本大约相差 2%。

第二阶段的任务是提升约 10% 的毛利，在上述十种解决措施中，每一种措施的实施大概都会提高 1% 的毛利率，而且随着时间的推移效果会越来越小。但从扭亏为盈的贡献度来看，每一条措施的贡献度大概只有 4%，比降低团长成本、降低运营管理成本、降低补贴的贡献度都要低。

需要特别指出的是，从扭亏贡献度来看，通过供应链环节优化产生的贡献度大概只有不足 4%，并未产生较大的影响，很难达到决定竞争胜负的程度。此外，平台上生鲜占 GMV 约为 30%，一级经销商的毛利率大约是 10%。假设所有的生鲜商品都从产地直采，整体的商品毛利率提升也只有 3%（30%×10% = 3%）。

实际上，很多生鲜产品无法从产地直采。从商品数量上来看，能够实行产地直采的生鲜产品预计会占平台全部生鲜产品的一半左右，这意味着，实行产地直采只能提升全部商品毛利率的 1.5%。而且在削减了中间环节的情况下，平台必须要有专门的采购人员来处理产地分散、价格波动、品质和价格非标准化等问题，因而很难省下这 1.5%，甚至还很有可能亏本。由于供应商大多具有十多年的从业经验，熟悉产地的资源和商品，而且平台的采购人员与供应商大多仅有业务往来，贪腐治理成本更低，因此保留中间供应商的效率一般会比平台产地直采更高。

因此，通过产地直采提升千分之几水平的商品综合毛利率，相对于要提升毛利率 10% 的目标，效果微乎其微。

第三个阶段是从 2023 年至 2025 年，平台的毛利率需要提升到 20% 左右。可以采取的方法包括：调整收费政策、扶持自有品牌或白牌以及第二阶段措施的深化。

调整收费政策是指针对新的对象或环节而制定新收费政策。例如，用户选择团长送货上门，需要缴纳 0.5～1 元的上门费，拓宽团长收入渠道，从而降低团长成本；调整向供应商的加价方式或网格仓的收费模式，可能会达到 2021 年美团费改的效果。这些措施的具体效果有待验证，有希望带来 1% 的利润增长。扶持自有品牌或白牌是指挤压一线品牌商的市场，扶持新的品牌，从而获取更高的商品利润。

总之，第三阶段的重点在于严抓细节，每一个环节、每一项具体的措施都可能增加千分之几的毛利率，因为最终只需要 2% 左右的毛利就可以扭亏为盈。

提升件单价也分为三个阶段，与提升毛利一致。第一阶段是从 2020 年至 2021 年 8 月，件单价从 5 元提升至 8 元以上。在这个阶段，提价的措施也较为简单粗放，直接提高毛利、降低补贴、缩减小规模商品占比、缩减低价商品占比即可。因为 5 元的件单价属实过低，不同寻常，如将成箱售卖的水拆开，按瓶售卖，刺激以件为单位的规模增长。这个阶段相对容易，主要难点是用户基础过于薄弱。

第二阶段是从 2021 年 9 月至 2023 年，件单价从 8 元多提升到 11 元，甚至达到 12 元。能够明显提升毛利的行为都有利于提升件单价，如培育用户习惯、采用营销手段、提商品品质、调整商品结构、新增商品品类等。此外，提高商品规格、增加大件商品占比等也是提升件单价的重要措施。

第三阶段是从 2023 年开始，件单价从 11 元多提升到 12 元左右。由于优化空间更加有限，该阶段大部分措施来自第二阶段的深化。

值得一提的是，上调件单价的措施非常多，见效也比较快，易于实施。例如，兴盛优选的件均价曾达到 13 元，长期在 11 元以上，2021 年兴盛优选第一大 GMV 产品是茅台酒，而且茅台酒都是按批被买走，这种策略对于平台的长期发展所提供的帮助有限；多多买菜在夏季大力促销酒水，将件均价拉升到 11 元，这种方式达成的件单价和毛利相互冲突。因为饮料的毛利本来就不高，增加了饮料的 GMV 占比相当于拉低了毛利，并且这种方法具有周期性和季节性，适用于夏天、不适用于冬天，年年都需要开展。所以在评估件单价时，要着眼于具体的业务措施。

11.6　时效对社区团购的特殊意义

时效对社区团购业务的可持续发展与竞争优势具有重要影响。从用户体验的角度来看，虽然大多数平台有意愿、有能力提高价格和毛利，但是最终的结果取决于用户。如果平台无法使用户满意、达到用户的预期，平台的努力很难有好的效果。平台用绝对的价格优势去吸引用户时，大部分用户也愿意接受相对较差的用户体验。如果平台打算缩减价格差距，甚至试图盈利，那么平台就需要思考其提供的产品和服务是否能达到或超过其他渠道。具体来说，就是在"多、快、好、省"四个方面赶超商超和农贸市场等传统渠道。

"多"是指商品丰富程度，包括品类的丰富程度和SKU的数量。商超的SKU数量在1万件到5万件之间，社区团购只有几千件，显然无法相提并论。将平台自身与同行业平台相比较，商品品类仍需进一步完善和丰富。就用户体验而言，平台目前的关键问题是无法完成基本商品品类的供给和交付，如鲜肉、海鲜及夏日生鲜的供应。如果用户在平台上购买完生鲜果蔬后，再去线下买肉禽活鲜，那么用户行为很难形成闭环，用户容易形成根深蒂固的比价观念，难以培育用户的习惯和认知，严重影响上述第二个阶段改进措施的实施。

"快"是指购物的便捷性，核心指标是从下单到拿到商品所花费的精力和时间。由于消费场景和商品的限制，用户对于时效底线往往具有一定刚性要求，如外卖至少在1小时内送达。而且随着市场竞争的加剧，消费者对时效的要求会越来越高，也就是说时效越好，用户主动选择的可能性越大，京东和美团外卖的成功证明了这一点。社区团购的核心消费场景是厨房和家庭，从商品来看，社区团购以生鲜、米面粮油等为核心，就餐时间的习惯就产生对时效的天然刚性要求，最好不晚于次日11点送达。

"好"是指商品和服务的质量。如果以美团优选、淘菜菜为基准，其产品质量与商超相比并无太大差别，特别是一线品牌。目前影响商品质量的主要因素包括价格、供应稳定性和仓配能力。随着价格的上涨，供应链稳定性增强，仓配作业优化，商品品质会逐步提高。影响服务质量的主要因素是团长，而影响团长服务质量的主要因素是团长的收入，即团效和团长抽佣率。

"省"是指商品的价格或者差价，这是社区团购的核心用户体验。2020~2021年的绝对低价和超额补贴使得用户对商品形成了较低的价格预期，而未来社区团购和传统商超的价格差距会逐步缩小，这容易使用户体验越来越差。主要的解决方案还是通过运营和营销的手段，让用户形成低价的认知，维持用户感受和体验，同时强化"多、好、快"的体验，从而弥补差价缩小带来的负面影响。

在"多、快、好、省"的用户体验上，"多"的体验存在行业性的难题，暂时没有解决的办法。"快"的体验中，基于强大的物流网络，中心仓一般覆盖直径200~300千米的团点，次日即可通过网格仓送达团点，相对传统快递履约具有速度优势。"好"的体验中，商品质量的提升主要依赖于价格的提升，供应和履约的提升是次要的。服务质量的提升取决于团效和订单密度，也就是说，业务要具备一定规模，才能提升服务质量，显然该逻辑是逆向的，因此需要的投入和效果不如正向逻辑合适。强化时效的体验，提升用户的满意度，使团效、订单密度和业务蓬勃发展，这是一种正向的逻辑，效果会更加明显。"省"的体验会越来越差，或者最多在感知层面上维持，但实际上却越来越不省，这是无法逆转的。

　　另外，着眼竞争的角度。多多买菜已经守住了"省"这个体验，而且为此进行了从内到外的优化，任何一个竞争对手都很难复制多多买菜在"省"上的优势。即使复刻了多多买菜在"省"上的优势，如果不能超过多多买菜，那么用户也很难有明显的感知，"省"的定位和标签就没法定位到自身。未来的发展趋势是提高价格、提高毛利，价格导向会被削弱，"省"这个体验大概率会越来越差。

　　"好"同样不适合作为竞争的核心方向，这是因为"好"的主导因素是价格，一分钱一分货。在未来提高价格、提高毛利的背景下，产品和服务的品质都会有所改善。最主要的是，社区团购的中低端市场定位，使得"好"并不是社区团购追求的一个终极竞争优势。

　　"多"和"快"都可以作为核心的竞争方向，因为"多"能解决体验闭环的问题，"多"不是指 SKU 数量增加而是叶菜、鱼、肉等特殊品类的增加，本质是供给和履约的问题。用"多"来抗衡"省"是非常合适的。但是由于增加 SKU 的难度系数较大，当前尚未出现有效的解决方案。"快"有助于形成差异化的竞争优势，能满足用户的基本需求，需要改善仓配环节、强化内部管理和组织能力。显然，相对于多多买菜而言，"快"是更适合发力的地方。

　　总之，时效是今后竞争中的一个重要的因素，各平台都需要强化。如果核心品类的技术问题无法解决，那时效或许是各平台竞争的发力点。

　　需要注意的是，社区团购订单密度的阈值比较低，当达到这个阈值后，各个平台都可以在次日 11 点前送达，订单密度再增加或者内部因素进行优化后，时效仍然可以继续提升，但时效在竞争中发挥的作用可能会被削弱。因为次日 10 点前到和次日 11 点前到是没有明显区别的。

第 12 章　多多买菜案例

12.1　拼多多的创立和发展

拼多多是一家由黄峥与其浙江大学校友创办的电商公司，创立于 2015 年。经过 5 年时间的发展，拼多多的 DAU 数量达到 7.9 亿元，超越了阿里巴巴，成为日活最高的电商公司之一以及中国互联网市值最高的一批上市公司之一。

1980 年，黄峥出生于知识分子家庭，从小成绩优异的他被保送进入浙江大学，师从浙江大学前校长潘云鹤和中国工程院院士陈纯。黄峥从浙江大学竺可桢学院毕业后，前往美国威斯康星大学麦迪逊分校留学。因为在计算机技术上的造诣，黄峥大学期间通过论坛认识了网易创始人、中国前首富丁磊，并且成为感情深厚的朋友，丁磊向黄峥介绍了他的好友段永平。黄峥青年时期接触到国内顶级企业家资源，这为他日后的发展道路奠定了一定基础。

段永平曾经创立中山市小霸王电子工业有限公司和步步高①两家公司。1999 年，段永平以其"明晰的远见和创新能力"，被《亚洲周刊》评为亚洲 20 位商业与金融界"千禧年"行业领袖之一。在美国期间，段永平带黄峥参加了股神巴菲特的天价饭局。

在研究生毕业找工作的时候，黄峥曾经纠结于选择当时的国际巨头微软还是去还是新星企业的谷歌，段永平建议他去谷歌寻找机会。2004 年，黄峥研究生毕业后进入了彼时尚未上市的谷歌，成为公司较早的员工。2006 年，黄峥随李开复回国建立谷歌中国。2007 年，黄峥离开谷歌开始创业。

2007 年，黄峥依托步步高，创立欧酷网，主要售卖步步高的教育产品和 OPPO 的蓝光播放器，并逐步对标京东。2010 年时，欧酷网的 GMV 达到 6000 万元。这在当时的电子商务企业中大致属于中等水平，对黄峥自己而言，这个成绩并不理想。为了不把自己的时间浪费在无意义的战场，黄峥将公司售卖给兰亭集势贸易（深圳）有限公司，保留核心创业团队继续寻找新的发展机会，随后投身深耕电商代运营行业和游戏行业。

2010 年，黄峥创办乐麦信息技术（杭州）有限公司（简称乐其公司），主要业务是帮助品牌商或者其他商家运营天猫和京东的店铺。在三年内，该公司销售

---

① 本章案例中的"步步高"特指广东的步步高教育电子有限公司。

额破亿元，净利润高达千万元。在这个过程中，黄峥了解了电商平台的运营逻辑和体系，积累了相关经验。

乐其公司与欧酷网完全不同，欧酷网的逻辑是数字化的零售商，类似于创立一个销售商品的官方网站。而乐其公司是按照平台逻辑运营流量、品类、商品和活动等，从商业到用户逻辑，都与零售商存在巨大差异。这两段经历让黄峥深刻地意识到京东和阿里巴巴的不同之处，为他把杭州埃米网络科技有限公司（简称拼好货）转变成拼多多奠定了基础。

与此同时，黄峥还成立了上海寻梦信息技术有限公司，主要面向东南亚市场推出多款自行研发的网页游戏和手机游戏。拼多多的产品设计和运营机制大量借鉴了游戏技巧，为拼多多的社交裂变提供了有力支持。

黄峥毕业后选择了谷歌而不是微软，之后在中国互联网行业创业，先做自营电商，而后参与平台电商运营。去谷歌和创立欧酷网的两段经历在很大程度上受到了段永平的影响。黄峥涉足不同的行业，并不只是为了一份工作或是运营一家企业，更是为了深入行业，了解机会，累积行业经验。当时，中国互联网出海正刚刚起步，国内外的游戏行业尚处于蓬勃发展的阶段。黄峥创立电商平台和游戏公司的两段经历属于在时代浪潮中翻滚，寻找时代的机会。这与当初段永平建议黄峥选择谷歌而不是微软，以及回国创业的理念基本一致。

2015 年前后，随着微信生态的逐渐成熟，微商发展迅速，基于社交关系的移动电商潜力显现，社交电商在互联网行业风起云涌。

黄峥也派出一个团队尝试开展社交电商，并推出了拼好货业务。拼好货与其他社交电商类似，用户可以在拼好货 APP 里发起拼单，在微信群里分享和传播。拼单通过社交关系链的传播，加快了传播速度，扩大了传播范围。拼好货通过规模效应反向优化供应链，以销量为基础确定采购的数量，薄利多销；而且拼好货采用自营模式，亲自负责采购、存储、运输和发货等环节。从本质上讲自营模式的拼好货属于零售行业，而非互联网行业。经营过程中出现了各种各样互联网团队无法解决的问题，自营电商的发展潜力也有限。通过不断优化迭代，拼好货最终成为具有平台模式的拼多多。

2015 年 9 月，拼多多公众号上线仅两周用户就突破百万人；2016 年 1 月，APP 上线 3 个月，用户数就突破了 1000 万人；2016 年 9 月，用户突破 1 亿人；2017 年 9 月、2018 年 6 月，拼多多分别突破 2 亿和 3 亿用户。在公司成立 3 年后的 2018 年 7 月，拼多多在纳斯达克成功上市。

拼多多成功抓住了蓝海红利。在 2016 年前后，中国互联网进入"下半场"，用户增长速度放缓，当时很多人都没有意识到未来的增长空间在下沉市场，一个重要原因是没有找到打开下沉市场的方法。拼多多承接了因为与品牌化和正规化目标不符而被阿里巴巴舍弃掉的低端供应链，在微信生态内，利用社交关系实现了病毒式传播，并以规模化需求重塑供应链的方式获得了极致的价格优势，从而迅速发展。

拼多多是中国互联网史上成长最快的公司之一和 DAU 最多的电商公司之一，创造出若干行业瞩目的运营奇迹，其 DAU 仅次于腾讯和字节跳动，估值仅次于腾讯、阿里巴巴、美团和京东；而且，拼多多是在阿里巴巴和京东两大电商巨头、若干垂直电商小巨头的包围中冲出来的互联网品牌。

作为创始人，黄峥的烙印不仅体现在其创办的拼多多。同样地，旗下运营社区团购业务的多多买菜也受到创始人的影响。

12.2　多多买菜的发展

多多买菜于 2020 年 8 月上线，到 9 月底，仅用时 2 个月就已经开通 13 个省市共计 31 个城市，主要包括湖北、江西、陕西、重庆、四川、山东、河南、河北、安徽、云南等，后来迅速覆盖全国大部分区域。

多多买菜的发展节奏与美团优选大体相似，也分为启动期、快速扩张期和休养生息期；短期内就在国内 20 多个省份、300 多个地级市、2600 多个县级行政区和数万个乡镇开展了社区团购业务；两家的基础设施架构也相差不大，多多买菜约有 130 个中心仓，3000 个网格仓，150 万名团长；两家的规模体量也是长期不相上下，2021 年，多多买菜全年 GMV 接近 800 亿元，略胜美团优选一筹。因为多多买菜和美团优选发展过程具有高度的相似性，这里不再赘述其具体历程。

拼多多自身拥有的流量资源和多多买菜的业务策略，让其社区团购业务的亏损额和亏损率相对其他互联网巨头较低，两年亏损 150 亿元左右，但业绩处于行业顶尖，2021 年 GMV 以近 800 亿元位居行业第一，到 2022 年 3 月日均件数达到 3000 万件。

2022 年后，多多买菜注意休养生息，不将规模作为唯一目标，同时关注亏损金额，力图尽快实现盈亏平衡。在保证规模以较高速度增长的同时，争取亏损总额要持续快速下降。当时，多多买菜内部提出"争取在 2022 年实现整体盈亏平衡"。

多多买菜在与美团优选等竞争时，对标领先者并不断提升时效、SKU 和服务上的用户体验。总体上看，多多买菜在业绩、亏损、人效等方面都具备显著的竞争优势。

12.3　极致价格的导向

社区团购是追求价格低和高性价比的新渠道，虽然大部分平台都强调低价和性价比，但多多买菜坚持最为彻底，这与其电商业务的发展如出一辙。

在采购端，多多买菜的采购策略就是追求绝对低价，但凡供货价少一毛钱其都会更换供应商。除了通过价格导向引发的市场竞争倒逼供应商降低出货价格，采购人员还会采用极具侵略性的压价策略。例如，多多买菜在全国招聘供应商去各地供货，因为路途遥远，大批量发货才能降低成本，所以供应商会在各地囤积大量的货物，但是一旦由于各种主客观因素，销量不好，多多买菜的采购就会迫使供应商降价出货。此时供应商如果将货物品全部运输回去，会遭受更多的亏损，也只能无奈降价。

在质检端，为了应对低价带来的低质问题，大仓入库质检标准相对宽松，人员考核力度和标准化程度相对较低。多多买菜对退货率也只给予了较为有限的重视程度，只要在平台定义的可接受范围内，如 2%以内，平台就不会采取更多行动来进一步降低退货率。

事实上，当商品出现问题时，很多消费者会由于支付的金额较少，为了避免退货的麻烦而选择不去退货，但是会给多多买菜打上低端、劣质的标签，这影响了多多买菜的消费者忠诚度。据行业统计，对全国 100 多个团点的抽样数据进行检测，发现多多买菜的用户留存比美团优选要低 30%~50%。这也说明了极端价格导向的代价很大。

多多买菜坚持价格导向的核心原因在于，拼多多认为价格、性价比才是打动用户的关键因素，其他因素则服从于价格与性价比的主导性作用。

以商品品质、商品质检与价格的关系为例。如果强调商品品质，则需要加强质检，为此要增加一个部门和流程，从而导致成本上升、效率降低。如果商品未能通过质检，那么供应商需要撤回商品并且紧急补货，这将给供应商带来重大损失。为了通过质检，供应商需要选择更高品质的商品，同时更为规范地进行供货作业，那么成本必然就会增加，给平台的供货价也会提高，导致最终消费者面对的售价也随之上涨。为了维持低价和高性价比，多多买菜选择允许销售低质量商品，同时减弱质检环节，只将退货率控制在承受范围内即可。拼多多的业务逻辑在于，只要用户不退货，便默认用户就是满意的；只要用户满意，供应商就可以采用该价格销售商品。

在 SKU 数量与价格方面，当 SKU 数量增加，在规模一定的情况下，单个 SKU 在对应供应商处订购的规模将减少，规模效应将被削减，供应商降低供货价的积极性变弱。随着 SKU 数量的增加，仓储和配送环节的效率也将降低，作业难度和成本提升，最终导致商品售价和平台利润受到影响。

还有采购环节，采购腐败是大部分流通企业需要面对的一个棘手难题，这是由于一旦采购员与供应商之间存在贪腐行为，企业可能会因此增加 10%以上的采购成本。多多买菜采用了一种独特的策略，安排刚刚步入社会、利益牵涉较少的年轻员工进行采购工作，由于其贪腐的可能性相对较低，因此即便是缺乏采购经验也能够接受。此外，拼多多还规定采购员在一定时期内须调离原来的地区或者岗位，以防员工在某地长期任职与供应商形成利益共同体。

相比之下，美团优选、兴盛优选则是同时重视价格、履约、SKU 等因素，并没有像多多买菜一样对价格优势有极致追求；淘菜菜的定位则是价格略高、品质更优，从而希望在市场上与其他平台形成差别。

总体而言，社区团购在传统电子商务、超市、便利店等业态中更为突出地注重价格和性价比，而多多买菜又是在社区团购行业尤为重视价格和性价比。凡是与价格和性价比相冲突的因素都会让步于价格，除非其他因素可能严重影响业务的后续发展。

12.4　多多买菜及社区团购供应链建设

社区团购的供应链与电商的供应链、线下商超的供应链存在显著差异。主要体现在供应链来源（如本地供应与全国供应）、供应商品品类、价格带和供应品质等方面。

首先，在社区团购次日达的强时效要求下，商品主要依赖本地供应，这与电商通常采用的一仓发全国或多仓全国发货模式有本质的不同。因此，即使企业已经拥有电商供应链，也不意味着其打通了适用于社区团购的供应链。

其次，社区团购的商品消费结构以生鲜为主，这类商品恰恰属于电商销售的薄弱环节，其供应环节中存在冷链物流、防腐保鲜等方面的短板，因此社区团购和电商的商品供应品类存在较大差异。

社区团购的购物渠道以低价、高性价比为鲜明特征，有别于除拼多多外的大部分电商平台，从而产生价格带和品质供应方面的差异。以拼多多和京东两家不同细分市场的电商为例，前者以低价和性价比著称，后者以相对高价和高品质闻名，即便同样销售小家电和家用电器，拼多多提供更多的白牌和低端商品，而京东多见大品牌。也就是说价格带的差异，导致在相同的供应模式和品类下，出现了商品质量和供应商品牌的分化，从而形成不同的供应链网络。

由此可知，社区团购的供应链与传统电商和商超的供应链在结构、运作机制上显著不同。即便是拥有成熟供应链体系的传统电商企业和商超企业，也不一定能够提供良好的社区团购供应链服务。

例如，多多买菜的供应链就与其母公司拼多多的供应链有所不同，基于本地批发商重新建立了社区团购供应链体系，并未复用拼多多的供应链，其主要经营品类包括水果、蔬菜、鱼肉、水饮、零食、日化、护理等以线下流通为主的商品，且能够将价格降至线下实体渠道之下。

　　过去的观点普遍认为，平台掌握了消费者、订单和数据等关键要素，就能据此改造供应链，甚至减少供应环节、直接对接工厂和产地，但实际上改造成功的案例极少。

　　虽然多多买菜成功打造了极致低价和超高性价比，但是多多买菜的供应商大都是销地一批，其上游还有产地一批、代采和基地/农户，也就是说多多买菜供应链极致性价比的背后成因，并不是依靠简化供应链链条，也不是完全依托整合供应链资源获得，更不是对于供应链上游的深入和改造供应链实现的。

　　如前文所述，多多买菜实现其低价和超高性价比策略的一个重要方法是对供应商的筛选和部分妥协。同为销地一批供应商，有些商家提供的商品质优，有些则质量稍差；有些供应商实力更强，有些相对较弱；有些商家希望提高利润率、有些商家则希望薄利多销。多多买菜采用极致价格导向的战略，建立了一套完整的筛选体系，从同一批供应商里挑选出能满足其极致价格导向的供应商。

　　多多买菜的案例表明，在供应链中，生产制造、流通、平台、销售等环节各有其独立性，平台全面改造整个供应链的难度很大，但是平台可以根据发展战略筛选出符合自身需求的上下游资源，构建有效的供应链体系。

第 13 章　小步优鲜案例

13.1　小步优鲜的背景

小步优鲜的母公司是来自湖南的一家知名零售上市公司——步步高商业连锁股份有限公司①（简称步步高），主营业务是商超，与大润发、永辉超市同处于超市行业。在商超领域，西方发达国家商超业务发展较为迅速，著名品牌有美国沃尔玛、法国家乐福等，国内大型商超企业包括华润万家、永辉超市等。步步高发源于湖南省湘潭市，逐步在湖南、江西等地扩张，是湖南知名的区域性龙头商超企业，长期位居中国连锁百强企业前 20 名。兴盛优选案例中岳立华在布局商超业务时，曾与步步高在同一行业形成竞争，岳立华后期转入便利店业态，如今双方在社区团购赛道再次相遇。

步步高 2019 年全年营收在 200 亿元左右，净利润达到 1.5 亿元。同期兴盛优选全平台流水 100 亿元，净利润为负值；永辉超市营收 850 亿元左右，净利润 15 亿元。步步高从事零售行业 20 多年，作为诞生社区团购所在地湖南的零售龙头品牌，步步高相对于当地其他社区团购初创企业来说有诸多优势，因此，步步高旗下社区团购平台小步优鲜的创办，引发了行业的期待和关注。

13.2　小步优鲜的项目起源

步步高起源于湖南省湘潭市，对互联网的探索自 2015 年至今从未间断，曾先后尝试了步步高商城、云猴、云猴全球购、Better 购、小步到家和小步优鲜等多个线上业务。其对线上业务的数次尝试一方面受到互联网行业爆发式发展的影响，另一方面也源于步步高创始人、董事长王填对零售业的感悟。王填一直认为，"整个零售价值链的顶端将被线上企业获取，零售商唯有将数字化作为基础，通过全渠道发展做到相较于纯线上模式更低的成本，线上业务增长摊薄线下业务成本，为门店提供纯增量"。

2020 年新冠疫情暴发后，步步高超市为更好地承接线上需求，推出了以社区拼团为核心的小步到家服务。小步到家与到家服务业务 Better 购的差别在于：小

---

① 多多买菜案例中的"步步高"特指广东的步步高教育电子有限公司，与此处的"步步高"分属不同行业。

步到家采取微信社群下单、仓库直发模式，围绕新冠疫情催生的需求重新组织供需；Better 购的流量则源于线下购物客源的转化，由门店发货，围绕日常需求和门店来组织供需。随着新冠疫情形势趋于平稳、管控政策逐步放缓，小步到家业务发展停滞，而 Better 购基于已有门店展开服务，服务半径较短，覆盖门店附近约三公里的范围，因此步步高再次创办小步优鲜，专注于开展社区团购业务。

13.3　小步优鲜的探索过程

在探索初期，小步优鲜以招募宝妈作为团长为主，注重维系客群关系。但宝妈团长存在人员流动性较大，获客流量不足等问题；在活动推广方面，小步优鲜主要采用线下扫码送鸡蛋等方式引流，活动力度一般，覆盖范围较小；在商品配送方面，弱化自提模式，加强配送到家服务，并希望借此吸引用户；在供应链方面，小步优鲜基于现有商超供应体系，生鲜等核心品类数量较少；在区域策略方面，则坚持区域化策略，保持开团密度和团效，优化配送成本和配送时效，但是由于早期开团密度过高，团效不甚如意；在资本运用方面，小步优鲜主要使用自有资金，无外部风险投资，盈利需求较强；在人员方面，主要使用步步高体系人员，负责地推、采购、履约和运营等环节，辅以部分前兴盛优选与前十荟团人员。

2020 年 3 月，步步高董事长王填宣布公司线上业务占比已达到 13%～15%，日销售额接近 700 万元。但是，业务成绩主要来自 Better 购或小步到家。2020 年，小步优鲜的订单规模大概只有兴盛优选规模的 1% 到 5% 之间。

13.4　小步优鲜失败的原因

小步优鲜未能在社区团购业务上取得成功，可能有以下几个原因。

（1）业务核心存在偏离。参与社区团购的用户大多为价格敏感性用户，但小步优鲜为吸引用户，提供团长配送上门服务，导致团长成本过高，团长工作稳定性较差，未能找准消费者核心需求，无法持续地吸引与留存消费者。

（2）项目储备资金不足。小步优鲜在社区团购领域的竞争公司都具有雄厚的资本。2019 年兴盛优选已完成募资 20 亿元，各互联网公司资金储备更为充足。面对行业竞争，对手纷纷推出价格战与补贴战，小步优鲜受限于自有资金储备不足，无法接受大规模亏损。小步优鲜前期实施的精细化运营策略，在 2020 年 5 月互联网公司进入社区团购行业后已无法实施。

（3）商品结构与社区团购目标消费者不匹配。步步高超市商品品类、价格等与社区团购业务目标客户并不匹配，社区团购业务目标用户多为价格敏感性用户，而步步高的商品价格较高，商品品类与社区团购的主营业务存在较大的差距，导致步步高的门店、仓储、运输、供应和运营优势未能对小步优鲜提供有效的帮助。例如，步步高商超业务拥有较多零售仓库，但是商超的仓库物流中心设置、功能与社区团购业务运营需要的仓库类型存在较大差异，不能很好适配。

（4）现有业务与社区团购业务存在同业竞争的情况。例如，现有线下商场体系员工如果将用户资源贡献于小步优鲜，考虑到商超业务的商品与小步优鲜提供的商品用途存在较大重合，用户资源的共享可能影响线下商超业务的利润，也意味着影响线下员工绩效，从而出现同业竞争，致使企业内部员工无法全力支持小步优鲜业务的发展。

（5）对社区团购重视程度不足。步步高将社区团购业务定位成对线下业务的补充，而不是企业的独立业务。前期步步高曾提出线上业务的作用为"摊低成本"和"纯增量"，其中的要点在于：线上业务基于线下业务，以线下业务为根本，线上业务则属于锦上添花；线上业务需要设定成本和收益红线，不能出现大规模亏损；线上业务的最终目标是协助优化线下业务，进而优化公司整体经营情况。

最终，步步高在实际运营社区团购业务的过程中逐步发现，社区团购业务需要较大的投资规模，以企业现有资源发展社区团购业务存在较大的经营风险，因此，关停社区团购业务成为最优选择。

13.5　企业创新与积累

从美团优选、多多买菜、小步优鲜的案例中不难感受到，大型公司开展创新业务有优势也有缺陷，公司原来业务积累的认知、团队、组织、人员、资金和资源等多方面因素对创新业务成败影响深远。如何实现创新发展与原有核心业务协调共进、相得益彰，合理配置企业内部资源，是一个非常重要的命题。

创新业务与已有核心业务通常属于打破和重建的关系，创新幅度越大，越需要以新为主。首先，需要破除直观、表面和抽象的认知，从理性、深入和具体的角度分析创新业务与核心业务之间的关系。创新的本质就是破除原有的矛盾，创造新的逻辑，如果遵循原有矛盾和逻辑，将无法实现真正的创新。例如，人们对商超业务和社区团购业务直观、表面、抽象的认识往往是"都是卖生鲜和日常用品的"，认为商超行业与社区团购业务有着相似的商品结构与供应链体系，并且认为其目标客户相似，据此容易得出"商超行业企业做社区团购具备优势"的结论。如果理性、深入、具体地去分析，就会发现二者存在较大差异。

以商超和便利店入局社区团购为例，商超和便利店采用先进货、后卖货的交易流程，供应商给予零售企业一定的账期以支持其发展。而社区团购采用先卖货、后组织供应流通的模式，大多以现金采购，相应商品的账期较短，供应商供货价格优惠力度也较大。此外，社区团购目标客户主要为中低端消费人群，在选品、品质和营销方面与商超和便利店存在较大的差异。

创新业务与核心业务的次要关系是继承关系，事实上，继承关系无处不在，毕竟事物之间相互联系、不断发展的。人们处理问题更多的是依据事物的继承关系，如经验主义、历史路径等。社区团购的诞生也遵循这一点，从社区团购的发展史来看，电商、微商、前置仓、零售线上化等多项业务交织在一起，共同孕育了社区团购这一创新零售商业模式。

一种朴素的观念认为，资源的积累继承大有裨益，积累越多越好，所以继承是必要的。从继承与创新的角度来看，继承的是普遍性、通用性的事物，创新突破的则是具体性、实际性的事物。服从新的矛盾、服从关键矛盾的事物可以继承，否则不应该盲目继承。

随着时间推移，创新从主导地位变成了次要地位，继承从次要地位变成了主要地位。任何创新产品或者业务都有一个初期红利，企业都希望尽快抓住这个窗口期，将优势从信息、时间层面转化到市场占有率、上下游控制、内部能力等层面。

就大部分创业项目而言，理论上需要遵循创新是首要的，继承是次要的；但是在执行过程中往往会变成继承是首要的，创新是次要的，不仅不打破原有的体系、不重构新的主体，反而会为了兼容旧有的体系而对新的体系进行抵制，不破不立这一朴素认知和智慧难以得到落实与执行。

上述现象的形成，主要是由于人都有惯性和对未知的恐惧，只有极少数人在少数情况下，能够依靠强大的理性抓住关键矛盾，实现创新发展。绝大部分情况下都是生活在过去经验的影响中。而克服惯性和恐惧的途径在于了解问题的实质、明白惯性和恐惧的来源。从这个角度来说，小步优鲜就是这样的一个案例，为行业发展留下了一些宝贵的经验教训和深度思考。

（1）继承的资源不足以使得项目成功，但副作用足以导致项目的失败。小步优鲜并没有真正从步步高的商超业务获得足够资源，甚至可能都不如早期兴盛优选对芙蓉兴盛资源的继承。小步优鲜也没有脱离步步高过去商超业务的成功经验，其思维逻辑、策略、方法和落地执行都受到商超的严重影响，而这足以决定项目成败。

（2）创新不能只表现在形式上，需要解决关键矛盾。比如，小步优鲜的送货上门虽然做了一定的流程创新，但没有抓住主要矛盾，违背了社区团购业务低价低成本的核心逻辑。

参 考 文 献

蔡强, 汪寿阳, 田歆, 等. 2017. 基于见福便利店案例的零售企业全生态系统模型研究[J]. 管理评论, 29 (10): 248-257.

陈丽芬, 黄雨婷. 2019. 高质量零售[M]. 北京: 机械工业出版社.

成思危. 2015. 成思危论虚拟商务[M]. 北京: 中国人民大学出版社.

丁玉章. 2006a. 连锁商业的本土轨迹与规律探寻 (上)[J]. 中国市场, (43): 3, 18-26.

丁玉章. 2006b. 连锁商业的本土轨迹与规律探寻 (下)[J]. 中国市场, (47): 3, 14-18.

丁玉章, 于洋, 王元盛, 等. 2012. 大规模虚实连锁: 渠道创新[M]. 北京: 科学出版社.

何玲, 孟佳惠. 2021. 两部门出手规范社区团购 要求互联网平台 "九不得"[J]. 中国信用, (1): 52.

李保林, 陈海超. 2022. 2022 年社区团购赛道十大热点[J]. 销售与市场 (营销版), (3): 16-19.

李琪, 李欣, 魏修建. 2020. 整合 SOR 和承诺信任理论的消费者社区团购研究[J]. 西安交通大学学报 (社会科学版), 40 (2): 25-35.

连杰. 2020. 第三种零售: 连锁店社区团购业务入门[M]. 太原: 山西人民出版社.

林梓. 2018. 新零售背景下我国生鲜电商问题研究[J]. 智库时代, (31): 278-279.

刘润. 2018. 新零售: 低价高效的数据赋能之路[M]. 北京: 中信出版社.

田歆, 成思危, 丁玉章, 等. 2009b. 基于美宜佳案例的零售虚拟企业模式研究[J]. 管理学报, 6 (4): 546-553.

田歆, 丁玉章, 汪寿阳. 2015. 虚拟零售企业模型与指数增长效应: 美宜佳案例[J]. 管理评论, 27 (12): 217-223.

田歆, 侯玉梅, 丁玉章, 等. 2011. 基于零售商主导型供应链优化的营销产品设计[J]. 系统科学与数学, 31 (11): 1524-1533.

田歆, 侯玉梅, 邱张得, 等. 2014. 零售商主导型供应链渠道管理与悖论机制分析[J]. 运筹与管理, 23 (5): 1-8.

田歆, 罗春林, 汪寿阳, 等. 2018. 零售物流中心运作优化的一种 T 型补货策略[J]. 中国管理科学, 26 (4): 78-87.

田歆, 汪寿阳. 2009. 第四方物流与物流模式演化研究[J]. 管理评论, 21 (9): 55-61.

田歆, 汪寿阳, 陈庆洪. 2008. 仓储配送中 ABC 管理的优化问题及其实证[J]. 运筹与管理, 17 (4): 1-7.

田歆, 汪寿阳, 成思危. 2013. 供应链运作策略: 理论与实践[M]. 北京: 科学出版社.

田歆, 汪寿阳, 鄂尔江, 等. 2017a. 零售大数据与商业智能系统的设计、实现与应用[J]. 系统工程理论与实践, 37 (5): 1282-1293.

田歆, 汪寿阳, 华国伟. 2009a. 零售商供应链管理的一个系统框架与系统实现[J]. 系统工程理论与实践, 29 (10): 45-52.

田歆, 汪寿阳, 田诗慧, 等. 2017b. 有限保质期商品流通安全管理系统的设计与应用[J]. 系统工程理论与实践, 37（5）：1294-1303.

田歆，王皓晴，汪寿阳，等. 2023. 智能化对零售物流的影响：基于联华华商的实证研究[J]. 管理评论, 35（12）：272-281.

田歆，许少迪，鄂尔江，等. 2021. 基于 WSR 方法论的中国零售企业国际化影响因素研究：名创优品案例[J]. 管理评论, 33（12）：339-352.

汪寿阳，田歆. 2020. 问渠那得清如许 为有源头活水来：21 世纪中国商业的绝地反击、理论发展与创新实践：与海鼎合作探索的 20 年[J]. 清华管理评论,（Z2）：7-15.

汪寿阳，田歆，陈庆洪，等. 2017. 供应链工程：谱写中国商业新篇章[M]. 北京：科学出版社.

王成荣，等. 2014. 第四次零售革命：流通的变革与重构[M]. 北京：中国经济出版社.

俞文钊，陆剑清，张章. 2014. 市场营销心理学[M]. 3 版. 大连：东北财经大学出版社.

Tian X，Luo C L，Wang S Y，et al. 2017. Supply chain engineering in China's retailing industry：a case of Meiyijia[J]. Journal of Systems Science and Information，5（5）：395-410.